VERGONHA
OCULTA

FRANCISCO BONFIM

VERGONHA OCULTA

O poder do perdão em *famílias* ENVOLVIDAS EM *segredos*

© 2023 Francisco José Bonfim Matos

Editora Thunder
Barueri – SP – Brasil
WhatsApp: +55 11 91354-4137
falecom@editorathunder.com.br
www.editorathunder.com.br

Editora Vulcan
Rio de Janeiro – RJ – Brasil
WhatsApp: +55 21 97690-9438
contato@editoravulcan.com.br
www.editoravulcan.com.br

1ª edição – Julho de 2023

A reprodução parcial ou total desta obra, por qualquer meio, somente será permitida com a autorização por escrito da editora. (Lei nº 9.610, de 19/02/1998)

Impresso no Brasil – *Printed in Brazil*

Publisher Elisangela Freitas

Editores Antonio Marques Filho, Cristian Fernandes e Rosane Chagas Bonelli

Preparação Antonio Marques Filho e Rosane Chagas Bonelli

Revisão Glória Dutra Bonelli, Lívia Magalhães, Rafael Schettini, Ronald Bonelli e Thais Teixeira Monteiro

Capa Rosane Chagas Bonelli

Diagramação Antonio Marques Filho e Rosane Chagas Bonelli

Arte-final Edson Bittencourt e Rosane Chagas Bonelli

Dados Internacionais de Catalogação na Publicação (CIP)

B713v

    Bonfim, Francisco

        Vergonha oculta : o poder do perdão em famílias envolvidas em segredos / Francisco Bonfim. – 1. ed. – Barueri, SP : Thunder, 2023.
        200 p. ; 23 cm.

        ISBN 978-65-84658-61-5

        1. Bonfim, Francisco. 2. Memória autobiográfica. 3. Vergonha. 4. Crime sexual. 5. Perdão. 6. Relações de família I. Título.

                                                    CDD: 920.71

Eliane de Freitas Ferreira – CRB 7/5206

dedicatória

Ao meu estimado pai, o valoroso Francisco, e à minha querida mãe, Maria de Fátima. Aos meus queridos avós e todos os antepassados que moldaram minha história. Aos meus irmãos, dedico com o mais profundo amor. Aos amigos que permaneceram ao meu lado, aos incansáveis caminhoneiros e a todos os filhos de Francisco.

Minha gratidão se estende a todos que me ampararam ao longo do meu percurso, àqueles bravos que enfrentam vícios e medos diariamente, aos jovens que compartilharam das minhas vivências e, infelizmente, àqueles que ainda irão atravessar esses obstáculos. Aos pais, filhos e famílias dessas pessoas.Estamos unidos por laços invisíveis de empatia.

Este livro é para todos que sofreram e ainda lutam com feridas não cicatrizadas, uma homenagem à resistência humana.

A todos os "Paulos" que cruzaram e que ainda irão cruzar meu caminho, trazendo luz e inspiração à minha vida.

A todos vocês, minha eterna gratidão.

Finalmente, dedico esta obra, acima de tudo, a Deus, o maior autor de todas as histórias.

sumário

prefácio..9
introdução..13

PARTE 1: DÚVIDA TÓXICA..............17
de vítima a vitimizado

melhor você ir embora................................19
apagão..27
sem permissão...35
escondido na boleia..................................43
não aceitaria ninguém...............................49

PARTE 2: VOCÊ ESTÁ SÓ A CAPA......59
completamente alienado

eu queria viver tudo..................................61
ladeira abaixo..69
capacidade de levantar-se.........................79
inimigo descoberto...................................85
de quem é a culpa....................................93

PARTE 3: QUEBRANDO PADRÕES.......105
o início do protagonismo

no fundo do porta-luvas......................107
tô dentro!...115
não perco por nada................................123
de volta para casa..................................129
algodão doce..141

PARTE 4: SAL NAS FERIDAS..........153
identidade plena

segredos sufocantes...............................155
alívio do perdão.....................................165
olhos lavados de lágrimas.....................171
indignação..175
verdades reveladas.................................181

prefácio

Querido leitor,

Esta é a história verídica de Francisco, permeada por constrangimentos velados. Tendo a coragem como sua principal aliada, Francisco luta como se tivesse que empurrar muralhas que se fechavam ao seu redor e, com um grito de resistência trancado na garganta, se expõe com tanta profundidade que nos impacta desde o primeiro momento.

Sua saga foi escrita ao som de um coração acelerado, durante as pausas em pontos de paradas e descanso de caminhoneiros nas estradas, em noites gélidas. Francisco se desnudou com um compromisso claro: a verdade. Revelações autênticas e tão intensas que nos envergonham diante dos nossos próprios segredos ocultos. Cada linha, cada palavra deste livro foi vivida profundamente por ele.

Francisco começou sua jornada de libertação encarando traumas antigos, equilibrando-se no limite de suas emoções e desvendando seus segredos. À medida que se desnudava, crescia e amadurecia emocionalmente. Foi fascinante observá-lo no início, na esperança de expressar sua dor, enfrentando conflitos internos que reverberavam como um eco nas estradas pelo tempo perdido em sua vida. Ao se sentir seguro, ele só pensava em compartilhar essa experiência com o mundo, na esperança de libertar outros aprisionados.

Testemunhamos a metamorfose de um jovem traumatizado, que vivia mergulhado no sentimento de autocomiseração e vitimização, em um homem com identidade definida, seguro de si, com uma visão de futuro e um propósito claro. Francisco ainda nem se dá conta de sua própria força.

Francisco **Bonfim**

Permita-se ser arrebatado por esta extraordinária jornada a cada página virada, você encontrará uma rajada de renovação que conduz à libertação. Deixe-se cativar pela força transformadora da revelação de verdades ocultas. As correntes invisíveis irão romper-se à medida que se desvendam as páginas deste livro.

Francisco atinge seu auge nos testemunhos com humildade e ao demonstrar empatia pelos seus pais. Ele se agiganta ao perdoar e se livra em definitivo do fardo de manter os outros eternamente culpados pelos problemas que viveu. O poder do perdão é revelado de forma magnífica e o desejo por uma vida livre de julgamentos ecoa a cada parágrafo.

Sua história impacta pela força do perdão e, como consequência, em sua própria transformação, reverberando uma cura definitiva na sua família que, como várias outras, passam por problemas semelhantes, permeando gerações e impedindo o alcance da prosperidade. O autor quebra padrões negativos e decide protagonizar uma nova história que só depende dele mesmo.

A trajetória narrada e vivenciada pelo autor mostra, de maneira muito corajosa, as várias fases e facetas de sua própria transformação desde uma pessoa que foi vítima e se vitimizou, passando para uma pessoa completamente alienada, até que ele começa a tomar as rédeas da sua própria vida, tornando-se o protagonista da sua história, para finalmente eclodir em uma pessoa desprovida de orgulho, com identidade plena, compreendendo perdoando verdadeiramente todos aqueles que deixaram marcas em sua vida, inclusive perdoando-se a si mesmo e se libertando de suas próprias amarras. Ciente de que tudo o que ele viveu até aqui, apenas o preparou e forjou para as conquistas que virão.

Ficamos magnetizados com sua decisão em escrever esse livro e colocar sua vida a serviço de outras. Esse livro pode ser considerado uma homenagem ao perdão.

Obrigado Francisco, por compartilhar a sua história de vida, salvando pessoas, a começar por mim.

Rosane Bonelli
CEO da Editora VULCAN

introdução

Oi, eu sou o Francisco Bonfim. Este é o meu livro, *Vergonha Oculta*.

Aqui, na quietude das páginas, repousa uma história que aguardou em silêncio para ser contada. Um segredo que me inquietava, um enigma trancado e esquecido por mais de um quarto de século e em um quarto trancado de minha alma, crescendo como um câncer, corroendo lentamente minha sanidade e, consequentemente, minha saúde física e mental.

Por mais de 26 anos me vi preso a essa história, que me impedia de viver. Basicamente, eu sobrevivia.

Agora é chegado o momento.

Minha luta pela liberdade tomou forma, enquanto meu coração pulsa com força, clamando por verdade, a que eu não conseguia falar. Esse segredo me fez mergulhar em constrangimento e vergonha, refúgios que me mantinham à beira de um abismo e, por vezes, dentro dele.

Estava incapacitado de aceitar a realidade que vivi e perdoar a mim e aos que me cercavam. Queria voltar no tempo. A culpa era minha companheira constante, uma sombra que nunca se dissipava, um eco persistente no meu coração.

Fugi de mim mesmo nas estradas, me escondendo. Meu orgulho e vergonha eram algemas invisíveis, impedindo minha cura. Um cerco de emoções tingia minha existência com tons de angústia profunda.

Mas, conforme o tempo passava, e como um pássaro que se liberta de uma gaiola, libertei-me das correntes da vitimização.

Descobri no perdão uma força desconhecida. No final de uma jornada tortuosa e quase arrasadora, o perdão surgiu como um farol, guiando-me para a minha própria redenção e paz. O perdão é uma ferramenta enigmática e poderosa, para quem o dá e para quem o recebe. Desvendar o processo de perdoar é o grande desafio que o coração humano enfrenta.

Venha comigo nesta viagem de autodescoberta e cura. Prometo que, ao final desta jornada, você não será mais o mesmo, pois a cura que encontrará não será apenas a minha, mas também a sua.

Agradeço especialmente a você, querido leitor, por embarcar nesta jornada comigo e por permitir que minha história faça parte da sua.

DÚ-VI-DA

1. Falta de convencimento.
2. Dificuldade em acreditar.
3. Suspeita.
4. Receio.
5. Objeção.
6. Ponto não decidido ou que se trata de resolver.
7. Crença vacilante.
8. Ceticismo.

TÓ-XI-CA

(latim *toxicum*, -i, veneno usado em flechas, qualquer veneno)
1. Que encerra veneno; venenoso.
2. Que causa efeitos nocivos.
3. Veneno.
4. Qualquer substância que causa efeitos nocivos.

parte 1

DÚVIDA TÓXICA

de vítima a vitimizado

de vítima a vitimizado

melhor você ir embora

O sol clareava o céu do Distrito Federal naquela manhã. Parecia ser apenas mais um dia comum, como todos em que vivi na fazenda.

Naquele momento eu já não tinha mais onde ficar. Mas não posso negar, me encantei com a casa da fazenda, ou pelo menos era o que me restava. Não queria mais me sentir um incômodo na vida dos meus pais. Este era o pensamento que habitava constantemente a minha mente: "Sou um incômodo, um estorvo, um entrave na vida dos dois".

Lembro, como se fosse hoje, o dia em que pisei naquelas terras pela primeira vez. A casa da fazenda exalava um charme rústico e acolhedor. Suas paredes eram de tijolos antigos e uma trepadeira se enroscava ao redor da janela, permitindo que a luz do sol entrasse suavemente, iluminando o quarto. O piso de madeira rangia baixinho a cada passo, trazendo uma sensação nostálgica ao ambiente. O quarto era adornado com objetos que contavam a história de várias gerações.

A janela oferecia uma vista deslumbrante das terras da fazenda, com plantações e campos verdes que se estendiam até onde os olhos podiam ver, além do lago sereno que refletia o céu azul. Um vento leve soprava, trazendo o cheiro fresco do campo e o canto dos pássaros.

No banheiro, um espelho de moldura ornamentada pendia acima da pia branca de porcelana, contrastando com os azulejos escuros das paredes e o piso de madeira ao redor. Uma banheira com pés de garra, grande o suficiente para se mergulhar completamente, convidava ao relaxamento.

De um lado da cama, uma mesa de cabeceira de madeira escura acomodava um abajur em tons de terra, que emitia uma luz dourada suave, ideal para ler antes de dormir. Eu nem lia, mas adorava esse cuidado. Uma pequena lareira de pedra se destacava na parede oposta, prometendo calor e conforto nas noites frias.

Os móveis e detalhes rústicos transmitiam uma atmosfera aconchegante e familiar que impregnavam o ambiente com uma sensação de paz e tranquilidade, enquanto as lembranças de gerações passadas criavam uma casa de fazenda única e envolvente. A estadia nesse local especial poderia ser um deleite para todos os sentidos, oferecendo uma fuga da agitação da vida moderna. Mas não era ali que eu queria estar, apesar de todo encantamento.

Desde que meu pai tinha se separado de minha mãe, a boleia do seu caminhão havia se transformado em sua casa itinerante. E era lá que eu queria morar, na boleia. Eu não me preocupava com o conforto. Ou melhor, com o desconforto. A ideia de viver uma vida viajando me fascinava.

Após a separação dos meus pais, passei a morar com a minha mãe. Morávamos eu, ela e meus dois irmãos mais novos. Um convívio harmonioso. Apesar de o sentimento de tristeza pela separação deles se manter presente dentro de mim, aceitava essa nova condição que a vida me impusera. Moramos assim durante pouco tempo.

Minha mãe, Maria de Fátima, era uma mulher de beleza singular e genuína, radiante em seu modo simples e autêntico de se vestir e levar a vida. Com olhos expressivos e cabelos sempre bem cuidados, ela transmitia serenidade e sabedoria em seu olhar. Sua pele acalentada pelo sol denunciava as horas dedicadas ao trabalho árduo, uma vez que não só cuidava meticulosamente de seus filhos como também auxiliava nas atividades domésticas e administrativas da casa. Minha mãe era, verdadeiramente, um coração eclodido e acolhedor, contrastando com um olhar que, por vezes, demonstrava cansaço e preocupação. Mas, mesmo assim, Maria de Fátima se manteve resiliente, agarrando-se aos pequenos prazeres da vida e encontrando alegria nos momentos que passava com seus filhos.

Por outro lado, seu marido e meu pai, era um homem de baixa estatura, de ombros largos e mãos calejadas pelas longas viagens de caminhão. Ele projetava uma imagem rústica e imponente. Mas, em seu íntimo, faltava-lhe a habilidade de se conectar emocionalmente com a família, especialmente com seus filhos. Seu coração ansiava por viver sua própria vida e aventurar-se pelos caminhos desconhecidos de seus próprios sonhos – talvez uma vida que ele sentisse ter deixado para trás, devido às responsabilidades familiares. Então ele optava por deixar a família, sempre em busca de novas aventuras.

No final, a minha família encontrava-se na diferença entre estes dois personagens: a energia e o empenho incansável de Maria de Fátima e a presença distante e introspectiva de Francisco.

Esse desequilíbrio moldou minha primeira vontade de fugir para as estradas com ele. Meu pai sempre alegre e minha mãe muitas vezes frustrada, eu não entendia os seus motivos na época. Eu queria ser "ele".

Após a separação, minha mãe, com toda sua vitalidade, queria reconstruir sua vida. Por que só meu pai tinha direito a isso?

Não tardou ela encontrar um novo companheiro. A ideia de um outro homem assumir o lugar do meu pai não foi bem recebida. Pelo menos não por mim.

Mal havia digerido a separação, me encontrava agora na situação de aceitar a figura de um padrasto.

Após inúmeros episódios conflituosos com o meu padrasto, a minha alternativa foi ir embora dali. Era eu ou ele.

Simples assim. Não havia possibilidade de convivermos num mesmo ambiente. Eu, adolescente, com os hormônios à flor da pele.

Acabei indo, para evitar que o problema se agravasse. E era nítido que o "problema" era eu.

Estava com 14 anos de idade e não tinha maturidade suficiente para entender o que estava acontecendo. Ainda passei um bom tempo sem entender.

Sentia-me completamente sem destino, sem rumo, quando fui "lançado" na fazenda.

Cheguei para morar de favor na casa do caseiro, o "Seu Zé". Mas eu fiz de tudo para dar certo na fazenda. E os ponteiros pareciam estar sincronizados. Ou entrando em sincronia.

Iniciava uma nova fase, vivendo como membro de uma nova família, a do Seu Zé. E essa parecia ter sido a melhor solução encontrada, por ora. A vida na fazenda era boa, eu não podia reclamar. Fui acolhido pela família do caseiro como se eu fosse um deles e isso atenuava um pouco a saudade que sentia de meus pais.

Eu e meus novos amigos, filhos de Seu Zé, pedalávamos até a escola diariamente. Ela ficava a cerca de 5 km da fazenda, era uma excelente pedalada. Um ótimo exercício. Eu adorava esse momento do dia. Sempre chegávamos bem antes do horário do início das aulas para nos divertirmos com os colegas da escola. Essa rotina era um santo remédio.

A cada novo dia, sentia-me mais seguro na fazenda.

Quando tinha tempo disponível, Seu Zé nos ensinava a dirigir tratores, a cuidar dos cavalos e a lidar com o rebanho. Era um mundo completamente novo para mim. Foi um período de muito aprendizado.

Ao realizar as pequenas atividades que me davam, imaginava que meus pais poderiam se orgulhar de mim. Isto era algo importante: ser motivo de orgulho, principalmente para o meu pai. Era o que me motivava.

Alguns meses se passaram desde a chegada à fazenda. A saudade dos meus pais era enorme, só pensava neles. De tanto buscar ser um orgulho para ambos, estava cada vez mais cansado e sem esperanças de ser "resgatado".

Essa estratégia não estava dando certo. Eles não me levariam novamente para casa.

Por isso uma enorme revolta cresceu em meu coração. Os velhos pensamentos haviam voltado para me assombrar: "Também devo ser um incômodo na vida de Seu Zé e sua família". Um mal-estar constante me dominava.

Precisava muito dos meus pais, precisava respirar, precisava entender o que tinha acontecido.

**Sair do meu lar,
por mais turbulento que fosse,
fez eu me sentir rejeitado,
trocado e muito sozinho.
Eu só pensava em voltar para casa.
Meus pais eram tudo para mim.**

apagão

Não importava o que tentasse fazer, meus pensamentos eram incontroláveis e minha angústia só aumentava. Um vendaval interno crescia, instigando a preocupação constante de agradar, não querendo ser banido novamente. Aquela casa da fazenda nunca foi um lar para mim.

Perdi-me no labirinto das expectativas alheias, que consumia minha energia e apagava a essência de quem eu realmente queria ser.

Uma "peça defeituosa", incapaz de me sentir bem comigo mesmo, de conquistar o amor dos meus pais e evitar o abandono em uma fazenda remota. Entregue a uma nova família.

Buscava harmonia para me encaixar, para ser parte deles, mas eu não conseguia. Só queria minha família de volta, do jeito que era.

A escuridão das noites trazia as notas mais agudas de saudade, acentuando a tristeza.

Em meio ao silêncio nas madrugadas acordado, inesperados caminhões surgiam, rompendo a rotina solitária da fazenda. Cada rastro de caminhão, cada som ao vento reavivavam, a esperança de ver meu pai no portão, e eu corria, ofegante, até a varanda. Uma ilusão, pois não era meu pai. Porém, tive raros e breves momentos de reencontro com ele intercalados em seus compromissos.

Como um segredo bem guardado, ansiava também pela minha mãe, na solidão amarga da fazenda. Porém, no mais profundo, não acreditava que ela ainda se lembrasse de mim. Afinal, tinha uma vida nova, com meus irmãos e um novo companheiro, ela já havia feito sua escolha.

Francisco **Bonfim**

Sentia-me traído por meu próprio sangue e passei a não desejar sua presença, para que não tivesse que sofrer com a rejeição, acreditando que ela não teria tempo para mim. Vivia como vítima de meus próprios pensamentos, movido pelas feridas emocionais.

Nessa época, eu só pensava nas minhas necessidades. Machucado. Emocionalmente ferido.

Numa tarde ensolarada de outono, quando uma brisa fresca e suave vinda da mata ao lado da fazenda parecia me convidar para brincar, decidi me aventurar num passeio a cavalo. Enquanto arrumava a sela do animal, comecei a me sentir estranho. De repente, me "deu um branco", um apagão geral. Não conseguia me lembrar de nada, nem do meu próprio nome. Fiquei agitado, assustado e sem saber o que estava acontecendo comigo.

Um dos vaqueiros, que trabalhava no estábulo naquele momento, percebeu que havia algo de errado e me perguntou, após correr ao meu encontro:

— Está tudo bem, Francisco?

Tentei responder, porém, as palavras não saíam de minha boca. Sinceramente, nem lembro se consegui emitir algum som. Era como se estivesse amordaçado, refém de mim mesmo, prisioneiro no meu próprio corpo. Foi desesperador.

Num único salto, montei no cavalo e saí dali correndo. Queria gritar e não conseguia. Coração acelerado. Fôlego curto. O cavalo corria pela fazenda como se estivesse em piloto automático. Ele fez o percurso que estava acostumado a fazer e logo retornou, parando em frente ao casario. Foi quando apaguei completamente.

Não sei dizer quanto tempo se passou, quando comecei a perceber algumas vozes, a perceber pessoas conversando, sussurrando ao redor da cama onde eu estava. Aos poucos fui readquirindo a consciência.

— Francisco está voltando! — exclamou um dos vaqueiros.

Quando finalmente acordei, percebi que praticamente todas as pessoas que moravam na fazenda estavam me olhando com um ar de espanto e medo.

Seu Zé perguntou:

— O que aconteceu com você, Francisco?

— Eu não sei! — respondi com a voz trêmula e muito assustado.

— Bem, fique deitado aí. Vou até a cidade ligar para o seu pai.

Não havia telefone fixo na fazenda, e muito menos, celulares.

Seu Zé saiu apressado do meu quarto. Pegou um trator e dirigiu até a cidade vizinha para utilizar o telefone público em frente à mercearia da praça principal. Meu pai orientou-o a pedir uma ambulância para me levar ao posto de saúde mais próximo. Ele iria o mais rápido possível para lá também.

Não me recordo de como cheguei ao posto de saúde. Lembro-me de ter acordado com a maca trepidando pela calçada desnivelada até finalmente entrar no posto e encontrar o médico de plantão. Meu pai chegou logo em seguida. Tive a impressão de que ele também estava assustado com toda a situação. Mais do que assustado, meu pai parecia sentir-se culpado, envergonhado.

Perguntou-me ofegante:

— Filho, o que aconteceu?

— Pai, eu não sei — respondi com as palavras mais sinceras.

Minha vontade era de dizer:

— Pai, me sinto sozinho na fazenda.

Tentei dizer com meu olhar e com lágrimas querendo rolar pelo meu rosto, mas não consegui falar, nem sequer chorar na frente dele. O que ele ia pensar?

Naquele momento, eu não sabia o que havia acontecido comigo. Sabia que andava mais ansioso que o normal, mais desmotivado e sem muita vontade de viver. O médico me fez várias perguntas. Como de praxe. Sempre tive muita dificuldade nessa etapa de anamnese. Até tentei responder, mas as respostas não vinham. Mais uma vez eu não conseguia falar nada.

Francisco Bonfim

Eu nem olhava para o médico. Fazia meses que não via meu pai. Foquei em aproveitar aquele momento de carinho e cuidado que meu pai se dispôs a me presentear naquele dia. "Passaria meu pai mais tempo comigo, a partir de agora? Iríamos assistir a jogos juntos? Faríamos mais viagens de caminhão como antes? Tudo voltaria ao normal? Vários questionamentos invadiram a minha mente. Apesar de toda a situação desconfortável, estava me sentindo querido. Como havia ansiado por aquilo!

Enquanto estava sendo atendido pelo médico, meu pai ligou para minha mãe a fim de falar sobre o ocorrido. Não sabia o que ela havia lhe dito mas, pelo seu semblante, deduzi que ela não conseguiria ir ao hospital, o que foi confirmado assim que a ligação foi concluída. Ela não iria, pois temia perder seu emprego. Nesse meio tempo, o médico não havia parado de falar. Tudo estava acontecendo ao mesmo tempo: meus pais conversando, eu observando a conversa e o médico prescrevendo um tratamento. Nem me recordo se meu pai entendeu algo que o médico disse. Sinceramente eu não.

Naquele dia o destino decidiu mudar: meus pais se reuniram e definiram que retornaríamos à casa de minha mãe, em Uberlândia/MG. Assim, ela poderia me amparar e zelar pelo meu tratamento médico. Em meio ao medo e à preocupação, um raio de esperança surgia no horizonte com a presença conjunta dos meus pais.

Apesar de minha condição debilitada e das tonturas constantes, meu coração se aquecia por vê-los unidos, trabalhando juntos pelo meu bem-estar. Eu sentia que eles realmente estavam dispostos a fazer o necessário para me ajudar a me recuperar e garantir meu futuro. Era um vislumbre esperançoso, mas infelizmente efêmero. Meu pai, em breve, teria que voltar a Brasília.

Meu retorno à vida na cidade veio com um suspiro aliviado, mas também uma sombra de apreensão. Na manhã seguinte, minha mãe me acompanhou a uma consulta médica em busca de respostas para o meu misterioso mal-estar. Uma série de exames e consultas se seguiram, mas nenhuma solução clara à vista, eles não conseguiam entender o porquê.

Minha mãe se agarrou às orientações médicas, seguindo-as à risca: retornei ao consultório a cada mês, tomei a medicação prescrita e me dediquei ao tratamento. Dessa forma, eu visava evitar novos episódios aterrorizantes como o que enfrentara antes. Com minhas convulsões finalmente sob controle e minha vida lentamente entrando nos eixos, parecia que o infortúnio estava no passado.

No fundo, eu sabia que havia algo a mais. Um segredo me consumia por dentro, uma experiência traumatizante tão bem escondida que ninguém ao meu redor era capaz de enxergar. O inesperado colapso de minha saúde era apenas a ponta do *iceberg*, e a verdadeira causa estava prestes a emergir.

Francisco Bonfim

**Muitas vezes,
encontrei desculpas
para esconder o real
motivo de minhas dores,
até de mim mesmo.
Mas antes de
melhorar precisei assumir a dor,
pois ninguém consegue curar
o que não consegue sentir.**

sem permissão

A fazenda onde morei após a separação pertencia ao patrão de meu pai. Assim que cheguei, fui alojado em um quarto que estava sem uso, ao lado de onde o caseiro e sua família moravam.

Aprofundando ainda mais, lembro perfeitamente que era um quarto espaçoso, com banheiro privativo. Próximo à janela, um pequeno mas aconchegante sofá marrom decorava o ambiente. O local parecia um pouco escuro e úmido. A cama era muito maior e mais confortável do que a que eu tinha na casa de minha mãe. Era uma cama de casal, com uma estrutura de madeira maciça bem conservada. Aquilo tudo parecia um sonho, não estava acostumado àquele tipo de "regalia" e talvez por isso tenha me sentido tão importante por morar ali.

Não demorei a perceber que os meus dias na fazenda seriam bastante movimentados. Recebíamos visitas com frequência. Ou melhor: o patrão recebia visitas. Ele fazia questão de receber seus amigos nas instalações da fazenda. E nós ficávamos à disposição para ajudar no que fosse preciso. Afinal, os convidados do patrão eram nossos patrões também. Era assim que encarávamos aquele tipo de situação.

Numa dessas visitas, conheci uma menina por quem fiquei enamorado. Foi com ela que troquei o meu primeiro beijo. Lembro de ter sentido meu corpo estremecer, meu coração acelerar, minhas pernas bambearem como nunca. Uma chama de esperança havia percorrido o meu ser. "Seria possível sonhar? Seria possível esperar por uma vida melhor? Uma vida em que não me sentisse um incômodo, mas sim um porto seguro, uma fortaleza, um lugar de aconchego?" Por algum tempo achei que sim. Mas a menina teve que ir embora.

Em certas ocasiões, a quantidade de pessoas que nos visitava era superior à capacidade de acomodação das instalações principais da fazenda. Quando isso acontecia, era normal eu compartilhar com alguns hóspedes o quarto em que dormia. Acomodava-me no pequeno sofá e cedia a cama ao(s) hóspede(s). Não via problema algum nisso, nem poderia ver. Foi assim por muito tempo. Inclusive, já havia me acostumado com essa rotina. Até que tudo mudou.

Após certo fim de semana, a minha vida seria marcada e tomaria um rumo inesperado.

Os hóspedes daquele fim de semana, vivo na minha memória até hoje, eram duas pessoas: um homem e sua mãe. Ela aparentava ter 60 anos. Ele deveria ter uns 35. A mãe não ficava entre nós, tinha negócios ou assuntos pessoais a tratar com o dono da fazenda. Éramos invisíveis, apenas "servos" da fazenda. Apesar de mais velho, ele era como a gente, pessoa simples. Embora nitidamente fosse de família rica, não ostentava e fazia questão de se enturmar conosco.

— Fala, pessoal, 'bora' jogar futebol? — indagou o hóspede.

Para que não precisássemos discutir quem ficaria no gol (decidir o goleiro normalmente é uma tarefa que demanda tempo, pois ninguém gosta de assumir essa posição), ele logo se ofereceu. Fazia de tudo para nos agradar.

Esse hóspede sabia como ter pessoas ao seu redor. Era muito simpático com todos, do tipo que fazia a gente se sentir bem. Fazia questão de que todos se sentissem importantes. Aquele foi um dia muito divertido. Ele era muito carismático, de conversa fácil, amava esportes. Era um "pai" que todos nós ali gostaríamos de ter. Inspirava muita confiança. Sentíamo-nos à vontade com ele. A rapaziada morria de rir com as histórias que contava.

Anoiteceu e, como de costume, cedi a cama aos dois hóspedes e me acomodei no sofá. Entre o sofá e a cama, improvisamos uma espécie de divisória, que permitia um mínimo de privacidade a todos. Essa alternativa vinha funcionando relativamente bem, até aquele momento. Eu já estava deitado, praticamente dormindo, quando os dois entraram no quarto. Fechei os olhos, me reacomodei no sofá e voltei a dormir. Eu havia conhecido esse homem e sua mãe no mesmo dia. Ela estava tão cansada quando chegou que apagou de sono e começou a roncar de tal forma, que atrapalhava o meu sono do outro lado da divisória.

No início da madrugada voltei a acordar. Dessa vez, não pelo barulho, mas por perceber que alguém estava me acariciando. Alguém havia ultrapassado a barreira da privacidade sem permissão. Ainda sonolento e sem entender o que aquilo significava, me deparei com o hóspede sobre mim. Com uma mão, desbravava o meu corpo. Com a outra, tampava a minha boca para que eu ficasse em silêncio, a fim de não acordar a sua mãe.

Não tive reação. Fiquei paralisado, sem saber o que fazer. Ele continuava as carícias pelo meu corpo até chegar em minhas partes íntimas. Involuntariamente, fiquei excitado. Tudo aquilo era novo para mim. Eu, ali, sem controle sobre mim. Ele, ali, me assediando e me seduzindo. Com uma mistura de ingenuidade e hormônios indomáveis, acabei não resistindo. Logo comecei a responder e a interagir com o visitante. Por fim, consumamos o ato. Tudo foi muito rápido.

A mãe dele continuava dormindo do outro lado da divisória. Eu não falei uma palavra. Nem ele. E um silêncio agonizante, num escuro gelado, tomou conta do quarto e da minha vida. Essa foi a minha primeira relação sexual. Fiquei desconfortável, atônito, sem saber o que fazer.

Minha primeira reação foi correr ao banheiro e me lavar. Estava me sentindo completamente sujo. Como se estivesse com a pele do corpo inteiro impregnada de uma sujeira que se recusava a ir embora, por mais que me lavasse. Sentia como se eu mesmo estivesse exalando um cheiro muito forte, tão ruim que me sufocava. Fiquei debaixo do chuveiro por horas, tentando me limpar, mas não conseguia.

Francisco Bonfim

No dia seguinte, minha consciência parecia gritar comigo, me questionando por que eu havia deixado aquilo acontecer. "Por que não evitei? Por que não gritei? Por que não tentei resistir, enfrentar ou até mesmo correr?" Essas perguntas não saíam da minha cabeça e me intoxicaram por muito tempo. Eu sentia culpa, nojo e vergonha. Estava confuso. Sinceramente, não sabia o que pensar.

Logo de manhã, montei num dos cavalos da fazenda e cavalguei sem destino. Meu objetivo era me afastar daquele quarto. Iria o mais longe possível e não voltaria até que o visitante, o abusador, tivesse partido. Quando retornei, o céu já havia escurecido. Eles já tinham ido embora, felizmente.

Até aquele momento, não havia percebido a gravidade do episódio, nem refletido sobre quais seriam as suas consequências em minha vida. Nunca mais queria ver tal homem e sua mãe. Sentia um misto de nojo, mal-estar e culpa. Era como se tentasse vomitar e não conseguisse. Eu me sentia intoxicado. Nunca me passou pela cabeça falar com o patrão do meu pai, com Seu Zé, com a minha mãe ou com a polícia sobre isso. Tinha medo e vergonha. "Eles iriam acreditar em mim?"

Tudo o que aconteceu naquela noite latejava na minha cabeça. Sentia-me culpado. Sentia desprezo pelo abusador, mas agora ele já era algo do passado. O que restou foi o sentimento de desprezo por mim mesmo. Eu olhava para o céu da fazenda e tudo o que eu pedia era uma chance para recomeçar. Queria voltar no tempo. Eu não conseguia trabalhar isso dentro de mim, no meu silêncio.

Talvez pela ingenuidade característica da juventude e por uma história de simplicidade, fruto de uma criação no interior, acabei não tendo orientações suficientes que me permitissem lidar com a situação. Parecia que o culpado era eu. Só com o passar dos anos entendi que eu tinha sido a vítima. Não devia ter me colocado no banco dos réus, não devia me declarar culpado.

Não tive coragem de contar o que aconteceu comigo a ninguém, nem mesmo aos meus pais. Sentia muita vergonha naquela época. Senti durante quase toda a minha vida. E ainda sinto, mesmo agora enquanto escrevo sobre isso.

Depois desse dia fiquei muito retraído. Não conseguia encarar os filhos do caseiro da mesma forma, não sentia vontade de fazer nada, nem mesmo de brincar com os colegas da escola. Nada me animava. Ficava calado. Minha vontade era me esconder na boleia de algum caminhão e cair nas estradas. Precisava sair dali. Aquele quarto nunca mais seria o mesmo. Como conseguiria dormir ali, no sofá, novamente? Ou na cama em que ele voltou a dormir com a mãe depois do ocorrido? Oito meses depois de reviver esse pavor, tive a convulsão. Como fugir de mim mesmo para não ter que encarar o *iceberg* escondido em mim, o trauma que deixou minha vida fria, desolada?

Para aqueles que observavam de longe, a amargura que eu experimentava era apenas uma pequena parte visível da tragédia, uma ponta afiada projetando-se acima das ondas. Poucos sabiam que, sob a escuridão das águas, minha dor oculta se aprofundava muito mais.

Havia medo, ansiedade e profunda desolação à medida que a minha autoestima se deteriorava. Eu tentava esconder todos os sentimentos, mas não podia suportar mais aquele peso que crescia em mim.

E não tinha estrutura para superar aos meus 14 anos, sozinho, sem minha família. Por mais sombrio que fosse o abismo, algo dentro de mim se recusava a desistir, embora a vergonha oculta só aumentasse, sem que ninguém a visse, como um tumor oculto crescendo em silêncio.

Por muito tempo, essa história permaneceu escondida, um segredo sufocante só meu. A verdadeira extensão de seu sofrimento era invisível ao mundo, mas isso de modo algum minimizava minha realidade.

Precisei fugir para a boleia durante um tempo. E foi lá que as consequências desse segredo se manifestaram em cada detalhe e em cada passo que dei. A alienação da boleia era o que eu queria naquele momento.

Francisco Bonfim

**Tudo o que aconteceu naquela noite latejava na minha cabeça.
Sentia um misto de nojo,
mal-estar e
culpa.
E a vergonha me impregnou.**

escondido na boleia

Quando nasci, meu pai já era um hábil caminhoneiro. Minha mãe cuidava da casa e da família. Nada muito diferente do padrão de estrutura familiar de qualquer cidade do interior.

Naquela época, meu pai era autônomo, prestava serviço de transporte para clientes esporádicos. Durante esse período, mudávamos de residência com frequência. De Araguari/MG, fomos a Brasília/DF, depois para Goiânia/GO e, por fim, voltamos a Minas Gerais para morar em Uberlândia, assim que meu pai foi contratado a fim de prestar serviço de transporte para uma fazenda da região.

Mas onde quer que parássemos, tinhamos um lar gostoso para vivermos em família.

Em nossa casa humilde e cheia de vida, o som das risadas infantis, dos passos apressados e das pequenas descobertas diárias preenchiam os cômodos. Éramos nós, três pequenos traquinas, cada um com seu jeito peculiar, mas unidos por um mesmo laço de sangue. Eu, o primogênito, minha irmã, a princesa da casa, e meu irmão, o caçula adorável. Minha mãe, aquela guerreira incansável, cuidava de nós com dedicação e amor, enquanto o cheiro de comida caseira se espalhava pela casa.

Ao mesmo tempo, o papel de pai era desempenhado a distância, quando possível. Minha memória guarda momentos de meu pai, alto e robusto, mas frequentemente ausente, sua presença diluída pelas estradas que insistiam em chamá-lo.

Francisco Bonfim

A cumplicidade que deveria existir entre meus pais parecia ter se perdido em algum lugar. Eles eram como dois navios à noite, passando um pelo outro sem realmente se encontrarem. Faltava a chama da paixão, a proximidade afetuosa, o diálogo que constrói pontes. Faltava, acima de tudo, amor. O que existia entre eles mais se parecia com uma aliança de conveniência, em que o objetivo era criar os filhos sem que a relação parental se tornasse verdadeiramente calorosa ou íntima.

Foram 13 longos anos de convivência, anos marcados por silêncios e distâncias emocionais, momentos que hoje me fazem perguntar: "Como minha mãe suportou por tanto tempo?" Havia uma força em sua alma, uma coragem que só uma mãe possui, a coragem que a levou a se sacrificar por nós, seus filhos.

Ela não somente nos deu a vida, como também nos protegeu com sua resiliência, nos amou com sua bondade, nos ensinou com sua sabedoria e nos guiou com sua luz. A história da minha mãe é marcada pela bravura, pela persistência e pelo amor incondicional que só uma mãe tem por seus filhos.Durante as férias escolares, sempre que podia, eu adorava pegar as estradas na boleia do caminhão na companhia de meu pai. Chegava a me esconder por lá quando ele estava de saída. Por vezes, ele me olhava e dizia:

— Está bem, Francisco! Vamos comigo! Mas vá avisar sua mãe.

Para mim aquilo era uma grande aventura. Eu admirava cada paisagem, cada novo cenário. A cada quilômetro rodado, uma nova descoberta. Costumava colocar a mão para fora da janela a fim de sentir a força do vento contra ela. Sentir a resistência, o atrito. Sentir a resposta do meu braço, duelando contra a natureza.

— Francisco, coloca esse braço para dentro! É muito perigoso! — Alarmava-se meu pai.

Como um filho obediente, rapidamente recolhia o braço e fechava a janela.

Como uma criança rebelde, quando percebia que tudo estava calmo, com meu pai concentrado na direção, novamente abria a janela e colocava o braço para fora.

A sensação era maravilhosa. E nós riamos juntos. Adorava ver meu pai sorrir.

A liberdade percorria cada veia do meu corpo à medida que eu desbravava os caminhos do meu pequeno mundo. O sonho de ser caminhoneiro, influenciado pelo meu pai, marcava presença constante em minha mente, despertando a coragem de um pequeno explorador. Ele, ao notar meu crescente entusiasmo, não resistiu e logo me apresentou ao leviatã de rodas e metal que eu tanto admirava.

Eu não era um bom aluno na escola. Em sala de aula, as letras e os números do quadro-negro misturavam-se com o ronco imaginário de motores e o traçado sinuoso de estradas que desenhava nos cadernos. Meu rendimento escolar espelhava essa dispersão, mas o meu coração estava decidido: eu seria caminhoneiro, como meu pai. Era meu sonho ser como ele. Isso me desconcentrava e me desviava dos estudos. E não fazia esforço algum para mudar essa condição, pois estava certo do que queria. Eu queria ser caminhoneiro. Assim como meu pai.

No quarto, uma frota de brinquedos tomava conta do cenário. Caminhões de todas as formas, cores e tamanhos povoavam o meu mundo, encenando viagens épicas em um tapete que se transformava em estrada. Cada aniversário ou data comemorativa era a chance de adicionar mais um companheiro a essa coleção.

Gostava muito de me divertir e me imaginar dirigindo pelas estradas, criando aventuras em que meu pai sempre era o herói. Chega a dar saudades.

Tive uma infância muito feliz. Vivia na rua, cercado de outras crianças. Brincávamos de futebol, pique-esconde, caminhão.

Francisco Bonfim

Era uma época mágica! Estudava pela manhã e à tarde brincava. Carimbada. Peão. Bolinha de gude.

As ruas, por sua vez, eram o palco das nossas peripécias infantis. Com o sol a pino, os meninos e eu transformávamos pedras em traves para o nosso futebol improvisado. Chutávamos a bola com tanta energia que parecíamos pequenos craques de um campeonato despretensioso.

O pega-pega era outra brincadeira popular. Corríamos uns atrás dos outros em uma dança frenética e risada fácil, enquanto a tarde se desenrolava e o sol lentamente se punha. O pique, misturado com o suor e a alegria, nos fazia sentir como pequenos conquistadores de um universo só nosso.

Bolinha de gude era uma atividade sagrada. Cada um de nós tinha uma favorita, com cores e brilhos distintos. O desafio era acertar a bolinha do adversário em um buraco feito na terra. E nada se comparava à satisfação de uma vitória bem disputada.

Nosso domínio com o peão também era admirável. Com um cordão enrolado, lançávamos o peão com destreza, e ele rodopiava, dançando gracioso sobre o asfalto áspero e quente, em uma exibição hipnótica de equilíbrio.

A conexão que eu tinha com o meu pai era algo muito forte, transcendental. Eu via nele meu espelho, meu norte, carregava seu nome como um estandarte.

Era como se minha identidade estivesse misturada com a dele.

Eu era o filho mais próximo e parecido com ele. Até o seu nome ele tinha me dado, e muito me orgulhava disso por me sentir amado ao ter o mesmo nome que ele. O que meu pai não imaginava é que uma repentina visita, quando eu tinha apenas 8 anos, mudaria a nossa vida.

A conexão que tinha
com o meu pai
era algo muito forte.
Era como se
minha identidade
estivesse misturada
com a dele.

não aceitaria ninguém

Era um domingo à tarde. A campainha tocou. O som estridente anunciou uma visita imprevisível. Imprevisível para nós. Certamente não para quem estava do outro lado da porta. Talvez ela tivesse ensaiado aquele encontro mais de uma vez.

Era uma mulher. Recordo-me da minha mãe me pedindo para ir brincar na rua com os outros meninos. Ela não se importava que eu ficasse na rua, mas me "mandar" ir para rua era novidade, como se ela já tivesse percebido o rumo que aquela conversa tomaria. Obedeci e saí para brincar. Elas conversaram a tarde inteira. Voltei para casa assim que a mulher misteriosa saiu, pela mesma porta que entrou.

Fiquei bastante curioso, confesso. Percebi que não era uma visita comum. Havia algo de diferente naquela mulher. Precisava entender o que estava acontecendo, pois notei o quanto tal visita abalou minha mãe. O seu semblante mudou, ela estava pensativa. Seu olhar vagava pela casa como se à procura de abrigo. Esperei o momento certo e a indaguei.

Inicialmente minha mãe resistiu. Estava na dúvida sobre qual caminho seguir. Eu continuava a insistir, mesmo percebendo que ela ainda tentava digerir o que acabara de ouvir. Enfim, cedeu. Revelou algo que marcaria a minha vida.

— Filho, essa moça que saiu daqui é filha do seu pai. É sua irmã. Você tem mais cinco irmãos do primeiro casamento dele.

Francisco Bonfim

Fiquei chocado. Aquela parecia ser uma notícia descabida. Como dizem, "sem pé nem cabeça". Não respondi nada. Era melhor não ter perguntado. Não estava triste, mas inseguro. Várias dúvidas surgiram na minha cabeça. Meu pai tinha filhos antes de mim. Eu tinha apenas 8 anos de idade e, de repente, mais cinco irmãos mais velhos. Eu não era mais o primogênito. Minha mente rodopiava. Passei dias imaginando como eles seriam.

Perdi o controle da minha imaginação. Fantasiava sobre meu pai e sua outra família. "Será que meu pai gostava mais deles do que de nós? Será que, quando dizia que estava indo trabalhar, ele na verdade estava indo visitar a outra família? Será que ele era mais feliz com eles do que conosco?"

Meus pais se separaram quando eu tinha 13 anos. Continuei morando com a minha mãe e meus irmãos. Meu pai mudou-se para Brasília/DF. Esse período foi muito difícil para mim. Mesmo com a descoberta de que ele tinha outra família, continuava amando-o muito e sentia muito sua ausência. Refletindo hoje, percebo que talvez o título de "meu herói" pudesse ter sido um peso para ele.

Sentia muita falta de nossas viagens juntos. Suas visitas ficaram cada vez mais rápidas e menos frequentes. Era só o tempo de dar um oi, receber algumas compras que ele trazia para nós e, logo em seguida, nos despedíamos. Doía. Ele entrava no caminhão e partia para sua viagem. Lembro-me de ficar no portão de casa acompanhando o seu caminhão até perdê-lo de vista, só então voltava para casa. Já sentia saudade, imaginando quando o veria novamente.

Foi assim durante muito tempo.

Minha mãe mudou. Logo após a separação, precisou arranjar um emprego e começar a trabalhar. Como filho mais velho, ajudava-a cuidando dos meus irmãos na parte da manhã. À tarde, íamos todos para a escola.

O fato de meu pai não estar presente era algo inaceitável para mim. Ele nos visitava poucas vezes ao longo dos anos. Quando vinha durante minhas férias escolares, eu não desgrudava dele. Tentava aproveitar ao máximo sua presença e recuperar o tempo perdido. Perdido, não, tempo que havia sido tirado de mim.

Minha mãe, com sua maior independência após a separação, iniciou um novo relacionamento. Aos poucos ela foi apresentando um novo homem para nós. Eles se casaram aproximadamente um ano depois. Agora eu tinha um padrasto. E não aceitava isso. Achava a ideia inconcebível. Não admitia alguém ocupando o lugar de meu pai nem o meu. Na ausência do meu pai, eu deveria ser o homem da casa. Essa costuma ser a ordem natural nesse tipo de situação. O filho mais velho, o homem da casa. Mas essa ordem havia sido desfeita. Uma revolta, principalmente contra minha mãe, começava a se apossar de mim. E era incontrolável.

O ambiente dentro da nossa casa era péssimo. Minha revolta só fazia crescer. Eu era extremamente egoísta. Nunca questionei se minha mãe estava feliz, apenas nutria esse sentimento contra tudo e contra todos. Acredito que a situação foi potencializada porque eu estava no auge da adolescência. Por diversas vezes, discutíamos por questões banais e eu sempre voltava para o ponto central: não aceitaria alguém no lugar do meu pai.

Minha mãe não estava mais suportando essa situação e decidiu que eu deveria sair de casa. Seria bom para todos. Eu buscaria uma nova morada, onde pudesse seguir a minha vida, onde pudesse encontrar paz, onde pudesse me acalmar. Ela permaneceria ali, com meus irmãos e seu novo companheiro, num ambiente mais calmo sem a minha presença, no qual ela pudesse tentar reconstruir a sua vida com mais tranquilidade. Foi assim que acabei na fazenda do patrão de meu pai.

A partir daí, o encanto que sentia por meu pai foi gradativamente substituído pelo rancor e pela raiva. Morar na fazenda do patrão dele me permitiu conhecê-lo melhor e percebi que meu pai era muito frio com todos e nunca demonstrava seus sentimentos e emoções. Comecei a perceber que sua frieza poderia ter sido uma das razões para a separação.

Quando ele descobriu que minha mãe havia encontrado um novo companheiro, deixou de visitá-la e, consequentemente, também deixou de ver e assistir meus irmãos, que ainda moravam com ela. Foi deliberadamente um ato de abandono.

Minha mãe ainda era dependente financeiramente de meu pai, mas isso não o sensibilizava. Muitas vezes, quando eu me dirigia ao vilarejo próximo à fazenda onde estava morando, via meu pai junto com outras mulheres. Ele já não era mais o meu herói.

Não gostava e não aprovava o que meu pai fazia. Sentia-me envergonhado com aquela situação. E ainda tinha a esperança de ver meus pais juntos novamente. Da mesma forma que não suportava a ideia de ver minha mãe com outro homem, não suportava vê-lo com outra mulher.

Fiquei sabendo que ele também não prestava nenhum tipo de ajuda financeira para a sua primeira esposa e seus cinco filhos. Desde que os abandonou quando crianças, nunca os ajudou. A mãe deles os criou sozinha. Quando adquiri essa consciência, comecei a cobrar que ele ajudasse mais minha mãe com os custos da criação e educação dos meus dois irmãos. Ele simplesmente ignorava meus pedidos. E eu também não fazia nada, só reclamava e me vitimizava.

E minhas dúvidas me intoxicaram.

Meus maiores problemas estavam prestes a começar.

E vieram como uma avalanche.

**Será que,
quando dizia que estava indo
trabalhar,
ele na verdade estava indo
visitar a outra família?
Será que ele era mais feliz
com eles
do que conosco?**

reflexões da parte 1

ESTAS PERGUNTAS SÃO UM CONVITE À REFLEXÃO, VEJA AS QUE MAIS SE APLICAM À SUA REALIDADE.

O ambiente de sua infância foi tranquilo ou caótico? Isso impacta sua busca por paz? _____
_____
_____
_____

Encontrou beleza em situações difíceis? _____
_____
_____
_____

Como a ausência de entes queridos mudaria sua realidade? Como você lidaria com isso? _____
_____
_____
_____

Quem são as figuras marcantes em sua vida? Como elas influenciaram suas decisões? _____
_____
_____
_____

Já se sentiu um fardo para alguém? Como superou essa sensação? _____ _____
_____
_____

Francisco **Bonfim**

Como a família influencia sua forma de lidar com desafios? _____
_____

O quanto a aprovação externa afeta sua vida? Reflita sobre orgulho. _____
_____
_____

Quais aprendizados de momentos marcantes você carrega? _____
_____

Já se sentiu o "patinho feio" na família? Como isso impactou suas relações? _____
_____

Como se sente ao se lembrar de momentos de abandono ou rejeição na infância? _____
_____

Que sentimentos surgem ao pensar em visitar seus parentes? Há culpa ou mágoa envolvida? _____
_____

Você tem o apoio familiar em momentos de crise emocional ou de saúde? _____
_____
_____

Já se sentiu asfixiado por excesso de cuidado quando precisava de espaço? _____
_____
_____

Como se sentiria ao retornar a um ambiente familiar após longa ausência? _____
_____
_____

De que forma momentos desafiadores contribuíram para seu desenvolvimento pessoal? _____
_____
_____

Caso você tenha sido abusado, como esse fato influencia suas relações e confiança futuras? _____
_____
_____
_____

Por que é difícil se reconhecer como vítima e não se culpar pelo ocorrido? _____ _____
_____
_____

Como superar a vergonha e o estigma de discutir traumas e buscar ajuda? _____ _____
_____
_____

De que forma a relação com seus pais influenciou sua percepção de um relacionamento saudável? _____ _____
_____

Como foi a sua infância, rodeada de outras crianças e brincadeiras de rua ou isolado em casa? Como isso influenciou a sua personalidade e habilidades sociais? _____
_____
_____
_____

CA-PA

1. Peça de roupa comprida, que se põe por cima de qualquer outra roupa.
2. O que envolve ou cobre alguma coisa; cobertura.
3. O que protege; proteção.
4. Camada de uma substância que cobre uma superfície; demão.
5. Aparência ou pretexto.

parte 2

VOCÊ ESTÁ SÓ A CAPA

completamente alienado

eu queria viver tudo

Havia passado um ano desde a convulsão. Aos 16 anos, eu e minha mãe cumpríamos o ritual de visitas mensais à clínica. O médico, radiante, dirigiu-se a minha mãe e exclamou:

— Todos os exames estão normais e indicam que o Francisco está pronto para seguir em frente. Ele pode parar a medicação!

Eu podia ver os olhos de minha mãe se encherem de lágrimas e alívio.

Foi uma vitória eufórica!

Ansiei virar a página e iniciar um novo capítulo em minha vida.

Consegui meu primeiro emprego! A perspectiva de ter meu próprio dinheiro trazia excitação em meu íntimo. Pela primeira vez, escaparia da dependência financeira dos meus pais. A satisfação dos meus anseios materiais, embora modestos, surgiria como fruto do meu empenho.

Iniciei minha jornada profissional como auxiliar de serviços gerais em uma fábrica de balas e doces, graças ao meu tio. A lembrança do meu primeiro contracheque e a sensação de liberdade que ele proporcionou ainda ecoam em minhas memórias.

Com um salário vindo do meu próprio esforço, fiquei orgulhoso da minha nova conquista. Adotando esse dinheiro como meu escudo, senti-me capaz de enfrentar os desafios que a vida lançava.

Esse emprego revelou-se o primeiro passo rumo à realização do meu sonho de liberdade. Na minha cabeça, a felicidade só seria alcançada com a tão cobiçada independência financeira.

Francisco Bonfim

Abraçava fervorosamente os mantras "Ter o meu próprio dinheiro", "Ser dono de meu próprio nariz" e "Não depender mais de alguém". Eles ressoavam de modo contínuo na minha mente.

Aos 17 anos, eu queria tudo! Ansiava saciar meus desejos instantaneamente e sentir-me aceito e respeitado, lançando mão de bebidas e desbravando tabus.

Sentia necessidade de pertencer a algum grupo, de fazer parte e de ser respeitado. Estava cansado do sentimento de rejeição. Em pouco tempo, me enturmei com os colegas da fábrica.

Para fazer parte daquele grupo e esquecer meus problemas e insegurança, sem perceber, comecei a beber. E beber em demasia e com frequência. Pouco tempo depois, comecei a fumar. Essa combinação de bebida e cigarro me trazia uma satisfação muito grande.

As mulheres que cruzavam o meu caminho, que estavam em meu círculo social, aos poucos começaram a me abordar.

Nessa época, eu já era um rapaz, não mais um menino. Já havia encorpado e começava a chamar a atenção das moças da região. Apesar disso, tive muita dificuldade em me relacionar afetivamente com qualquer uma delas.

Não conseguia me imaginar em um relacionamento romântico e intimista. A intimidade era algo ainda traumático para mim.

Acredito que foi por me sentir assim que busquei os serviços e o ambiente de um bordel pela primeira vez.

Estava sozinho e não sabia o que iria acontecer. Fui muito bem recebido. As moças de lá não faziam perguntas. Não estavam interessadas na minha história. Ou em qualquer história, para ser mais exato.

No auge da juventude, mulheres começavam a notar-me, a despeito de minhas dificuldades em relacionamentos afetivos. Nesse período turbulento, busquei refúgio nesse ambiente efêmero dos bordéis.

Ao entrar em um pela primeira vez, meus olhos levaram um tempo para se ajustar à luz baixa e à fumaça densa que preenchia o ambiente. Nunca imaginei estar ali, e a adrenalina misturada com ansiedade faziam meu coração palpitar mais forte no peito.

Enquanto falava, percebia que a decoração era luxuosa e ao mesmo tempo gasta, contrastando com as risadas e conversas no salão.

Algo no ar me deixava muito agitado mas seguro. Enquanto observava as pessoas à minha volta, sentia o cheiro doce do perfume das mulheres que trabalhavam lá.

Com um passo hesitante, caminhei em direção ao balcão, onde a "madame" me observou com um riso no rosto por detrás de uma bancada, e senti como se eu fosse uma presa em sua teia. Rapidamente me senti à vontade, percebi que ali eu conseguiria me soltar.

Ela me recebeu com um sorriso sarcástico e me apresentou às moças disponíveis para aquela noite. Ainda um pouco nervoso, escolhi uma mulher de cabelos longos e castanhos, com uma expressão bastante sedutora.

Ela me levou até um quarto escuro e aconchegante, com velas perfumadas e uma cama com lençóis de seda. A mulher percebeu a ansiedade estampada em minha face, mas em poucos minutos comecei a me soltar.

Meu coração acelerava, minha vontade era maior que o medo. Senti o peso do imenso passo que estava prestes a dar, ainda mais depois de que tudo que passei na primeira relação na fazenda. Depois daquilo, para mim, o sexo era associado a algo sujo.

Uma onda de culpa e vergonha me invadiu. Mas ao mesmo tempo, só pensava em quando ia voltar lá. O ato ocorreu e rapidamente senti um vazio.

Francisco **Bonfim**

Deixei o bordel, dominado por um misto de alívio e decepção, mas ciente de que não queria tornar aquilo uma rotina. Eu estava confuso e queria sair daquele ambiente decadente. Na verdade eu me sentia decadente no dia a dia e estar ali, ao contrário do que pensava inicialmente, passou a fazer parte da minha vida. Foram mais de dez anos entre idas e vindas.

Com minhas dores "lá fora", e os hormônios à flor da pele, passei a voltar. Eu me sentia mal quando saía mas não conseguia parar de ir ao bordel.

Lá eu comecei a me sentir poderoso e desejado, esquecendo momentaneamente a imagem fracassada de Francisco.

Elas iam direto ao ponto. Sem envolvimento sentimental. Pela primeira vez eu me senti poderoso. O Francisco parado, rejeitado, "não existia".

Sentia-me cada vez mais confortável naquele ambiente e tipo de "relacionamento" informal, sem compromissos.

Continuava voltando.

Depois dessa experiência, fiquei animado e comecei a frequentar ainda mais os bares e as casas noturnas da região. Virei "figurinha fácil" nesses lugares.

Queria me sentir potente e viril, sem ninguém por perto para me perturbar ou me fazer lembrar dos meus problemas.

Sempre que podia, ia para as "noitadas". Uma atrás da outra. A bebida e o cigarro haviam se transformado em meus fiéis escudeiros. Meu consolo frente à solidão. Quando eles não se mostravam suficientes para me satisfazer, eu recorria aos bordéis e à pornografia.

Queria apenas aliviar a minha dor, a minha solidão e satisfazer meus prazeres imediatos. Não tinha consciência do quanto estava me afundando nesses vícios. Era fácil demais viver assim, no início. Havia descoberto atalhos para minha satisfação.

Não precisava me relacionar com ninguém, enfrentar meus medos, meus traumas ou correr o risco de ser julgado e rejeitado. Estava com 18 anos e tudo parecia normal, havia vários jovens iguais a mim, em situação similar. Contudo, começava a perceber que meu salário não era suficiente para arcar com os meus gastos.

Apesar do conforto encontrado nas noitadas e na "intimidade" fugaz dos bordéis, eu sabia que aquilo não era uma relação saudável.

No fundo, eu queria encontrar uma mulher para ter um relacionamento saudável, mas não me sentia capaz.

E meus vícios foram se avolumando e desgastando meu salário, que não conseguia acompanhar o ritmo.

A realidade logo escancarou minha imaturidade. Incontrolável e despreparado, minha vida financeira tornou-se um caos.

Minhas fraquezas frente ao consumo voraz despedaçavam-me.

Precisava parar antes que fosse tarde demais.

Mas o que eu realmente escondia era uma incapacidade de ter um relacionamento verdadeiro e era o que eu mais queria. Família.

ladeira abaixo

Para me sentir vivo, progressivamente, eu precisava mais de tudo: de bebida, de mulheres, de emoção. Mas me sentia como se estivesse preso em um *iceberg* flutuante. A paisagem era fria, desolada e sem vida.

Para aqueles que me observavam de longe, a amargura que experimentava era apenas uma pequena parte visível de minha tragédia. Poucos sabiam que, sob a escuridão das águas, minha dor oculta se aprofundava muito mais.

Meu trauma de infância entalado na garganta, associado a uma vida desregrada, corroía profundamente minha alma. Por muito tempo, essa dor permaneceu escondida, um segredo sufocante conhecido apenas por mim. A verdadeira extensão de meu sofrimento era invisível ao mundo, o que de modo algum amenizava minha realidade.

Havia medo, ansiedade e profunda desolação à medida que minha autoestima se deteriorava. Tentava esconder todos os sentimentos, não podia suportar mais. A manipulação, a vergonha e o sentimento de desamparo se amontoavam em minha mente, criando uma tempestade tão escura quanto o oceano sob o *iceberg* em que estava preso.

E eu queria mais ainda pois a mesma quantidade de prazer já não bastava para alienar minha dor crescente, como uma avalanche.

Mas, por maior que fosse o abismo, algo dentro de mim se recusava

Francisco Bonfim

a desistir. Eu precisava de disciplina. Precisava de regras que pudessem me trazer de volta aos eixos. Precisava manter meus pés firmes no chão. Tinha que me libertar dos meus vícios: do álcool, do cigarro, da pornografia e dos bordéis.

E foi assim, esperançoso e convicto de estar seguindo o caminho certo, que busquei a carreira militar. "Qual lugar melhor do que o exército para me disciplinar?", eu me indagava. Seria a solução de todos os meus problemas.

Compareci ao quartel para o alistamento militar. O sonho de ser caminhoneiro seria postergado.

Naquele momento, eu precisava de disciplina e de um processo rígido de transformação. Mudança. Já havia me imaginado vestindo uma farda de oficial do exército brasileiro por diversas vezes.

Projetava, em minha mente, o Francisco do futuro, após o serviço militar. Uma pessoa respeitada, disciplinada, responsável e com uma vida centrada. Um orgulho para seus pais e para seu país. O plano estava traçado. Seria perfeito não fosse pelo excedente de contingente. Voltei à estaca zero.

Voltei à fábrica e ao meu círculo vicioso.

Voltei à deriva. Incrédulo e desmotivado.

Fiquei tempos sem sorrir. Já não conseguia arcar com os meus vícios mais básicos, aqueles que anestesiavam minhas dores. Meu foco agora era sair da fábrica para ganhar mais e poder sustentá-los.

Alguns meses depois, eu recebi uma nova oportunidade de emprego. Àquela altura, eu já tinha desistido. Havia "jogado a toalha" e assumido que o meu destino seria ali, naquela fábrica.

Lá estava ele novamente, meu pai, surgindo como um herói. Ele abriu uma porta para mim em Brasília, um emprego como motorista em pequena empresa. A oportunidade perfeita, minha boia salva-vidas. Aos 19 anos, ingressava no mundo que admirava desde criança, seguindo as pegadas de meu pai e me aproximando dos sonhos traçados na juventude.

— Pai, vou fazer você se orgulhar de mim. Essa é a minha chance! — disse, sentindo-me contagiado e determinado. Aceitei o desafio e, num piscar de olhos, me encontrei em Brasília, atrás do volante pela primeira vez. Comecei com veículos pequenos e uma missão: entregar batata-palha.

Apesar de pequena, a empresa já tinha uma década de mercado, enfrentando gigantes do setor. Eu me sentia vivo e sonhador, embora meus vícios continuassem a me atormentar. Gastava sem pensar.

Dois anos se passaram e, devido à alta do preço da batata e da concorrência implacável, a empresa sucumbiu. Meu coração apertou, mas eu sabia que a estrada me esperava e meu compromisso com meu pai ainda estava vivo.

Era uma época de mudança e o destino parecia estar do nosso lado. Meu pai e eu vivíamos juntos após a falência da empresa em que trabalhava — a ruína nos reinventou.

Com a bagagem de anos como motorista, vi no horizonte a chance de alçar voos mais altos, trocando a habilitação para categoria profissional e retornando às raízes em Uberlândia/MG, o paraíso das transportadoras.

Um vento de sorte soprou a meu favor: encontrei o emprego que buscava ao retornar a Minas Gerais. A vastidão do universo dos caminhoneiros me abriu as portas, e logo me aventurei ao volante de um caminhão para uma empresa de renome na região. Com jornadas de 24 horas, eu me dedicava integralmente a desbravar as estradas e fazer entregas por cada canto.

Quase dois anos depois, eis que o caminho me presenteia com a oportunidade de alargar meu mundo. Viagens mais longas e distâncias mais desafiadoras passaram a fazer parte da minha rotina. Desbravei paisagens inéditas, conheci fascinantes cantos do Brasil e me aproximei do "legado" deixado por meu pai.

Entre os momentos felizes e os vícios ainda latentes, flertava com a magia dessa profissão tão singular. Em meu íntimo, revolvia a emoção: "Que privilégio conhecer novas cidades, explorar estados e descobrir lugares encantadores, como praias fantásticas, enquanto sou recompensado por isso!"

Com o passar do tempo, as minhas percepções foram mudando.

Eu não tinha tempo para descansar. Os prazos para efetuar as entregas eram muito apertados e nas condições das estradas, tornava-se quase impossível atendê-los de forma impecável. Para tentar cumprir os prazos, passava diversas noites sem dormir. E, como as viagens eram distantes, era comum ficar longe de casa por até trinta dias. Isso fez com que eu perdesse aquele entusiasmo inicial. O *glamour* da profissão agora mais parecia uma maldição.

Nessa época, a minha vida não tinha rotina. E não ter uma rotina fez com que meus vícios se agravassem ainda mais. Quando retornava para casa, depois de uma longa e exaustiva viagem, me sentia excluído da vida da maioria das pessoas que conhecia na vizinhança. Não me encaixava na rotina delas, nem mesmo da minha própria família, o que fez com que eu me isolasse. Eu nem sequer aparecia nas fotos das datas comemorativas.

Eu me considerava merecedor de diversão.

Era um círculo vicioso. Quanto mais excluído e solitário me sentia, mais me apoiava na bebida, no cigarro e nas noitadas. Para sustentar esse estilo de vida, precisava aceitar fretes cada vez mais longos e exaustivos, os que pagavam melhor, mas que, por sua vez, me deixavam mais isolado da vida familiar.

Os vícios consumiam praticamente toda a minha energia e o meu dinheiro. "Ter minha independência financeira" estava cada vez mais distante. Gastava mais do que recebia. Enquanto tinha crédito disponível, comprava tudo o que desejava, sem medir as consequências futuras. Esse comportamento me fez ficar escravo do dinheiro.

Nesse período, acumulei muitas dívidas, que cresciam numa velocidade que eu não conseguia administrar . A busca por uma solução parecia extremamente extenuante.

Estava perdendo essa batalha. Literalmente, vendo minha vida ser destruída com apenas 25 anos. Cheguei ao ponto de precisar devolver alguns bens que havia comprado, pois não consegui pagá-los. Estava sem crédito na praça. Desacreditado.

Os bordéis continuavam sendo o meu refúgio. Mergulhei cada vez mais em meus vícios. Precisava extravasar. Em uma dessas visitas ao bordel, uma das moças me perguntou:

— Oi, Francisco, você se incomoda que eu use cocaína hoje?

— Não. Por mim tudo bem — respondi apreensivo.

Ela me convenceu que experimentar não faria mal algum. No início, era apenas uma "carreirinha", dose suficiente para me deixar "doidão". Uma nova companheira se mostrava fiel e compreensiva na minha vida: a cocaína. E com ela eu tive um envolvimento de oito anos.

Era muito conivente com os meus vícios. Encarava-os apenas como maus hábitos. Não atentava para o fato de que o somatório deles, ou a repetição contínua de um deles em específico, poderia se tornar algo mais grave, incontrolável.

Alguns inofensivos copos de cerveja já eram suficientes para aguçar a minha vontade de fumar. Após alguns cigarros, ficava com vontade de usar cocaína.

Eu me considerava um viciado responsável (se é que isso existe). Utilizava doses de cocaína como se tivessem sido prescritas por um médico. Encarava-a como um medicamento controlado, tarja preta, para a redução de estresse e alívio de tensões. Na minha mente, tudo isso fazia sentido. Eu queria ficar fora do ar. Às vezes, associava a cocaína a um relacionamento.

Minha relação com a cocaína parecia o início de um namoro. Ficava louco quando a via. Ela parecia me fazer bem. Era a fuga que eu precisava naquele momento. Pelo menos era isso que eu achava.

Eu cheirava pouca quantidade e me sentia flutuando. Sentia-me num estado de êxtase, elétrico. Eu me soltava, minha timidez desaparecia. A sensação que eu tinha era de que bastava só chegar perto dela que meus problemas sumiam. Mas até quando eu viveria assim?

Com o tempo, a quantidade de cocaína necessária para atingir os mesmos efeitos do início precisava aumentar. As "viagens" eram rápidas, com pousos de emergência e turbulências constantes em meio a um temporal infindável. Estava completamente envolvido.

Ela me dominou.

Conforme o tempo passsava, as "viagens ruins" eram mais frequentes: entrava em estado de pânico, com falta de ar e taquicardia. Pensava que estava infartando, morrendo, ou ficando louco. Porém, mesmo sabendo de todos esses riscos, não conseguia parar.

Não conseguia mais me ver sem ela, viver sem ela. Ficava mais inseguro sem a cocaína do que antes de conhecê-la. Mais travado do que antes. Mais irritado.

Era o fim da linha. Nossa relação precisava terminar. A droga tinha domínio sobre mim. Eu necessitava buscar forças para tentar me livrar desse mal. Estava amedrontado.

Minha vida estava confusa e turbulenta. Escravo do dinheiro, trabalhando por dias ininterruptos nas estradas. Álcool, cigarros, drogas e sexo pago. Compras compulsivas. Alienação. Tudo isso era uma fuga da minha realidade, da minha vida vazia. As estradas eram o meu maior refúgio para não me sentir isolado e rejeitado.

Nesse momento crítico, eu me encontrava no "fundo do poço", lutando internamente contra meu orgulho e ego, que difilcultavam a possibilidade de pedir ajuda. A vida escapava ao controle de minhas mãos e clamava por resgate, mas parecia impossível vencer essa batalha por conta própria e recuperar o controle do meu destino.

A sensação era semelhante a um náufrago em alto-mar, à deriva, consciente da própria desgraça, apelando desesperado por salvação. A vergonha me envolvia e cegava, criando um isolamento profundo, uma solidão angustiante.

A cocaína, antes minha melhor amiga, revelava agora seu verdadeiro rosto, tornando-se a maior traição em minha vida.

**A vida escapava
ao controle de minhas mãos
e clamava por resgate,
mas parecia impossível
vencer essa batalha
por conta própria
e recuperar o controle
do meu destino.**

capacidade de levantar-se

Mudar da "água para o vinho" não é uma tarefa fácil. Levou tempo, mas, finalmente, a ficha caiu e aprendi minha lição. Passei a viver de forma mais adequada às minhas possibilidades, eliminando os exageros. Ainda continuava com as viagens desgastantes, porém, priorizando o descanso.

Compreendi que minha saúde vale mais que dinheiro e busquei conhecimentos financeiros por conta própria através da leitura e das vivências, sem ter a oportunidade de realizar cursos com especialistas ou de ter um mentor. Aprendi com meus tropeços, reconhecendo que a realidade em que me encontrava era insustentável. Entendi que era necessário reduzir minhas dívidas gradualmente, até eliminá-las por completo.

Eu precisava ressignificar a importância do dinheiro e entender a relação que teríamos a partir de agora. Não foi simples, nem foi sem esforço. Muito pelo contrário. Por muito tempo convivi com um sentimento sombrio que havia se apossado de mim, o uso desenfreado da cocaína me levou a uma depressão intensa.

Uma hóspede indesejada e cruel que agora compartilhava comigo a minha mente, o meu corpo e a minha alma. Havia perdido a vontade de viver. Sentia-me desamparado, sufocado, preso num buraco profundo e escuro, sem a menor esperança (e nem sequer vontade) de sair dali.

Em um turbilhão de emoções, me via de luto por mim mesmo, como se estivesse morto. Essa escuridão pesava em meu coração e, submerso em uma espiral depressiva, eu não conseguia compreender o que se passava. Olhava para minha vida e não enxergava orgulho por minhas realizações. Meus sonhos pareciam distantes, e minha existência, desgovernada.

Questões como "por que não fiz aquela viagem dos meus sonhos?", "por que não construí um amor duradouro?" e "por que não cuidei melhor de mim?" me atormentavam, deixando claro que eu não me reconhecia naquele Francisco. Nesse momento, afastei-me do trabalho e mergulhei na leitura, buscando alívio para minha alma.

Diagnosticado com depressão profunda e amparado pelo INSS, encarei a leitura como medicina para o meu coração. Os livros me levavam a viagens incríveis, mais intensas e significativas do que qualquer estrada ou droga havia me proporcionado. Eles me abriram a mente para enfrentar meus medos, frustrações e preocupações.

Ao observar minha vida por diferentes ângulos, lentamente removi a capa de vítima que vestia e comecei a me perceber como protagonista da minha história. O processo de transformação não foi fácil; estava repleto de altos e baixos, mas aos poucos os sinais de melhora emergiram. Os livros me impactavam com palavras que tocavam a alma, como dardos atingindo o alvo.

Os autores pareciam estar falando comigo, entender as minhas dores, as minhas aflições. Eles acompanhavam e me mostravam que eu não estava sozinho, guiando-me para resgatar minha verdadeira essência. E, apesar das dificuldades e das incertezas do caminho, encontrei esperança e coragem a fim de me reerguer.

Ao longo desse processo, vivi altos e baixos. Nenhuma transformação é fácil. Não acontece em linha reta. O caminho é tortuoso e esburacado. De vez em quando um pneu fura, um amortecedor quebra ou o motor esquenta. Mas precisamos seguir em frente.

Era como caminhássemos juntos durante toda a minha vida. Como se estivessem ao meu lado, me monitorando, esperando o momento certo para me dar as mãos e me retirar do buraco em que havia caído. Ler aquelas mensagens me fez perceber que não estava sozinho.

Durante meu processo de cura, conversava bastante com meu irmão mais novo. Certa vez, despretensiosamente, ele disse uma frase que me impactou bastante:

— Francisco, o que eu mais admiro em você é sua capacidade de se levantar.

E eu havia caído bastante. Mas havia levantado bastante também. Como um pugilista que não desiste da luta, que aguarda de pé a contagem do juiz, esperando para recomeçar.

A frase do meu irmão mexeu comigo. Era o combustível que faltava para eu superar minhas adversidades. Ele não sabe, mas o que me disse está gravado na minha alma. Levo essas palavras sempre comigo.

Meu processo de cura foi lento, pois nunca busquei ajuda especializada. Por mais absurdo que pareça, ser rotulado como dependente químico era inadmissível para mim. Sentia muita vergonha dessa situação. Como seria visto pelos meus pais? Como enfrentaria os olhares alheios? Eu, que sempre me importei com a opinião dos outros, que nunca quis ser um incômodo, e sim motivo de orgulho. Não iria para uma clínica de reabilitação de forma alguma.

Apesar da vergonha de ser rotulado como dependente, não tinha vergonha de ser um. A realidade era menos vergonhosa do que a opinião de uma pessoa qualquer. O fato é que eu era um viciado. Tinha consciência disso. A leitura me ajudou a reconhecer as minhas falhas, as minhas fragilidades.

Deveria ter tido mais coragem. Deveria ter me internado em uma clínica de reabilitação. Deveria ter buscado ajuda. Perdi tempo. Lidei com os meus vícios sozinho. Resolvi enfrentá-los, um a um. E, ao agir dessa forma, percebi o poder que eles tinham sobre mim.

Francisco Bonfim

**Como enfrentaria
os olhares alheios?
Eu, que sempre me importei com
a
opinião dos outros,
nunca quis ser um incômodo,
e sim motivo de orgulho.**

inimigo descoberto

Comecei a me revoltar contra todos os meus vícios. Descobri quem eram os meus reais inimigos, suas formas de ataque e maneiras de agir para que pudessem ser eliminados. Os vícios não eram o problema. Eles eram a consequência. Eram rotas de fuga para não encarar problemas maiores. Problemas que consumiam a minha energia vital e me tornavam prisioneiro. Eu precisava enfrentá-los. Fugir não traria resultados.

Qualquer coisa que me aborrecia ou me chateava era um gatilho que me levava à bebida, ao cigarro, à pornografia, às drogas e aos bordéis, nos quais, eu me sentia tão prostituído quanto as moças. Na verdade, me sentia pior. Para amenizar o constrangimento, fingia um relacionamento com elas, sem nunca realmente me envolver.

Foi difícil reagir. Mas eu precisava mudar, por mais que quisesse viver a vida fugindo. Era preciso dar um basta nesse círculo vicioso. Meus maiores inimigos não eram mais os vícios, mas os gatilhos que ativavam os vícios. Quando descobri isso, iniciei uma guerra dentro de mim.

Resolvi listar todos os meus vícios numa folha de papel. Analisei-os um a um. Busquei correlações. Procurei entender como um poderia influenciar o outro. Logo percebi que a cerveja era a ignição do ciclo. O álcool era o elemento que provocava a combustão do processo. Se eu interrompesse o consumo de álcool, acreditava ser possível evitar o início de todo o ciclo. E foi assim que o eliminei o álcool da minha vida, de uma vez por todas.

Francisco Bonfim

E foi mais fácil do que imaginara.

Quando eliminamos um vício, no entanto, os outros parecem ser intensificados. Pelo menos, foi assim comigo. O corpo parece querer reorganizar a sua estrutura de dependência, voltar a equilibrar a balança. Ao eliminar o álcool, eu me vi cada vez mais dependente do cigarro. Passei a fumar com maior frequência, em maiores quantidades. O trago parecia fluir mais facilmente pelo meu corpo. A fumaça que saia pelas minhas narinas e boca parecia mais cremosa, cheirosa, aveludada.

Eliminar o vício do cigarro foi o maior dos meus desafios. Foi o único que realmente me trouxe dificuldades. O meu adversário mais valente, destemido. Foi o que me causou crises de abstinência. O cigarro estava sempre à espreita, aguardando um momento de fragilidade. Quando achava que havia vencido, lá estava ele, na boca de um estranho qualquer, sentado ao meu lado no ponto de ônibus, me oferecendo um trago. Aquele cheiro, aquela sensação de bem-estar... Foi difícil, mas consegui.

Nessa guerra contra os meus vícios, acabei descobrindo outros que, na maioria das vezes, passavam desapercebidos. A maior parte das pessoas nem sequer os reconhece como vícios. Inclusive eu. Ao longo dessa jornada, por exemplo, percebi que era viciado em inventar desculpas, utilizando pequenas mentiras. Aquelas inofensivas, que não fazem mal a ninguém. Mentir era mais cômodo e menos dolorido. Era preciso coragem para falar a verdade em algumas situações.

Também me percebi viciado em não concluir os planos que começava. Esse comportamento sempre foi um grande problema, começava algo e nunca terminava. Fosse um projeto complexo, fosse algo simples. No primeiro obstáculo eu desistia. Diante da mínima resistência, interrompia o projeto. Era mais fácil desistir e arrumar uma desculpa qualquer para não prosseguir. Era mais fácil me vitimizar, achar que não era capaz. Afinal, eu também era viciado em me vitimizar.

Esse ciclo precisava ter um fim. Eu necessitava de uma estratégia eficaz para vencer a guerra. Não poderia desistir, como sempre desistira. Era preciso dar um passo de cada vez. Ir com calma e, o mais importante, comemorando cada pequena vitória, cada dia sóbrio. Era preciso superar a ansiedade de querer resolver um problema tão complexo da noite para o dia. Nesse projeto seria o contrário: esforços enormes e pequenos avanços. Os resultados demorariam para ser percebidos. Era preciso confiar no projeto, confiar no tempo. Eu necessitaria ser forte.

Nessa jornada, ficou claro o quanto havia negligenciado a mim mesmo. Descobri que nunca havia prestado atenção em mim, nos meus sentimentos. Não tinha cuidado de mim nem me respeitado. Descobri que não me amava. E se eu mesmo não me amava, como esperar que alguém me amasse?

Minhas relações amorosas eram pesadas. Dava para sentir a tensão no ar. Sempre que tentava me abrir, derrubar os muros de proteção que havia construído ao meu redor, percebia o julgamento nos olhares das minhas parceiras.

Eu tinha vergonha de mim, estava fragilizado física e emocionalmente e isso me tornava vulnerável diante das adversidades que surgiam. Qualquer palavra mal colocada direcionada a mim, mesmo que a intenção fosse positiva, parecia o corte de uma navalha afiada, escancarando a minha incapacidade de lidar com a minha própria vida. Não aguentava mais ser uma vítima. Especialmente vítima de mim mesmo. O meu maior abusador era eu.

O trauma do abuso sexual em minha adolescência me deixou feridas profundas, que precisavam ser curadas. Carrego comigo aquela noite na fazenda, a sensação de paralisia, de sujeira, de vergonha. Eu fui vítima, sim, mas não me vitimizo mais.

Hoje tenho consciência de que esse trauma retardou o desenvolvimento natural de meus relacionamentos sociais, familiares e sentimentais. Quando me interessava por uma mulher e me envolvia, eu logo rompia. Não conseguia me entregar, confiar e compartilhar meus sentimentos. Isso estava programado dentro de mim. A motivação para me relacionar não era construtiva. Meus relacionamentos eram destrutivos e viviam em estado de turbulência. Ora motivados por ciúmes, muitas vezes imaginários, ora inflamados por discussões infundadas que se tornavam cada vez mais frequentes.

Na maioria das vezes as relações acabavam antes mesmo de engrenar. Era frustrante iniciar uma nova relação, do mesmo modo que começar a assistir a um filme que você já sabe como termina. Essa frustração era um dos gatilhos que me levava de volta às drogas e aos outros excessos. Uma bússola para a perdição.

Eu não sabia confiar, não sabia amar.

Sentia-me desamparado. E, ao mesmo tempo, despreparado e imaturo para conversar a respeito. Ainda hoje me questiono se também fui viciado em ser abandonado, em conflitos, em destruir relações, em seguir os mesmos padrões de fuga de relacionamentos que meu pai, em busca de novas emoções e experiências. Como poderia alguém me amar?

Devido ao estilo de vida que eu escolhera, não eram raros os episódios de pânico relacionados à ideia de estar com algum tipo de doença sexualmente transmissível. Eu exagerava e não tinha a coragem de arcar com as consequências. Ao mesmo tempo em que me apavorava com a possibilidade de estar doente, eu tinha medo de fazer os exames. Preferia viver uma rotina de alto risco. Desafiar a roleta-russa. Felizmente, após tomar coragem e realizar algumas consultas médicas, os exames nunca identificaram doença alguma. A minha doença era o medo.

O medo do desemprego também habitava a minha mente. Ficava escondido num cantinho, como uma cobra venenosa, esperando a hora certa de dar o bote. Esse medo era paralisante. Quando pensava na possibilidade de perder o meu emprego, sentia um frio na espinha, como se caísse a temperatura do meu sangue durante o seu trajeto pelo meu corpo. O desemprego me privaria da independência financeira, me privaria de meus vícios. Seria vergonhoso.

Estava a trabalho, numa das longas viagens de caminhão que tinha me habituado a fazer, transportando cargas pesadas, quando comecei a perceber que havia algo errado comigo. Estava me sentindo mal, com febre e dores pelo corpo. Sintomas de gripe, mas diferente. Estaria eu infectado com o vírus da covid-19?

Por precaução, resolvi ir a um hospital para realizar os exames. Chegando lá, fiz o teste rápido. Felizmente, o resultado foi negativo. Mas os sintomas não apresentavam sinais de melhora. Após três dias, ainda com sintomas visíveis e incapacitantes, procurei novamente um médico e realizei um novo exame. O teste confirmou o que eu já suspeitara. Estava infectado pelo coronavírus.

Mesmo com a doença confirmada, continuei a viagem, rumo ao destino final das entregas. Não seria a covid-19 que me faria perder a entrega que estava sob minha responsabilidade. Chegando ao destino, após descarregar o caminhão, resolvi voltar para casa. Ainda me sentia muito mal. Procurei novamente ajuda médica, que me recomendou repouso e quarentena. Enfrentei quarenta horas de viagem até chegar em casa.

Informei a minha condição à empresa e fui para casa descansar, estava muito debilitado. Em poucos dias, os sintomas já eram mais brandos e já me sentia apto a voltar ao trabalho. Ao retornar à empresa, fui demitido friamente. O que mais eu temia. Estava desempregado.

Um grande impulso nessa jornada contra meus medos foi ter participado de um evento no qual o palestrante, durante sua apresentação, afirmou: "O inimigo descoberto é um inimigo semiderrotado".

Essa frase mudou a minha forma de pensar. Foi a partir de

então que a minha vitória contra os medos começou a ser desenhada. Havia descoberto os meus temores. Eu já era um semivitorioso. O medo não poderia ser mais uma desculpa que eu vinha usando para me sabotar. Ele não seria mais um abusador na minha vida.

Consegui seguir em frente, sem me sentir paralisado pelos medos, pela vergonha e pela opinião alheia. Muitas vezes deixei de agir e de tomar decisões em minha vida, não pelo medo em si, mas por valorizar demasiadamente o que os outros pensariam de mim. Ao fazer isso, acabei sacrificando a minha própria saúde mental.

Quando o inimigo é identificado, sejam vícios, vitimismo, dificuldade de amar ou falta de perdão, fica mais fácil enfrentá-lo. É metade do caminho da vitória saber como o inimigo surge, para que o ataque seja certeiro.

O inimigo descoberto é um inimigo semiderrotado.

de quem é a culpa?

As longas e exaustivas viagens de caminhão a trabalho me afastaram de casa, de minha mãe e meus irmãos. Eu era a ovelha desgarrada do rebanho. Aquele que saiu de casa para evitar que os problemas se agravassem. E se não tivesse saído, como teria sido?

A vida de caminhoneiro me proporcionou diversas aventuras. Como o sangue que percorre as nossas veias, levando o oxigênio para cada cantinho do nosso corpo, assim eu vivia. Percorrendo as estradas, transportando cargas pelo Brasil afora. Sentindo-me útil, próximo ao meu pai.

Ser caminhoneiro era sinônimo de ser aventureiro. Cada viagem era única. Os trajetos podiam se repetir de vez em quando, mas as viagens eram únicas. Sempre ouvi que "ninguém toma banho no mesmo rio duas vezes". É verdade. Da mesma forma, ninguém faz a mesma viagem duas vezes. Sempre haverá algo diferente, seja a estrada, a paisagem, sejam as pessoas que encontramos. A estrada não será mais a mesma. Eu já não era mais o mesmo. Nem minha família.

As aventuras me custaram o convívio com a minha família, me roubando o senso de pertencimento. Agora, eu voltava para casa e não me sentia parte dela. Não me encaixava mais ali. E essa sensação me corroía por dentro. Aos poucos, o prazer de viajar pelas estradas ia sendo substituído pela amargura da solidão.

Quando percebi que troquei minha família pelas estradas, tive dificuldades em me perdoar. Renunciei ao contato familiar, às minhas raízes, por uma vida que se mostrou incapaz de me satisfazer.

Como perdoar isso? As únicas coisas que conquistara na vida eram meus vícios, medos e a solidão. Eu não me perdoava, me condenava. E, ao não me perdoar, acabei me tornando uma pessoa amargurada, mal-humorada e agressiva. Uma pessoa insuportável. Afastara todos aqueles que tentavam se aproximar de mim.

No trabalho, alguns colegas brincavam dizendo que eu estava "só a capa". Eles repetiam isso com frequência, numa alusão ao meu estado físico. Eu havia perdido muito peso e as olheiras haviam se tornado habituais. Para eles, era apenas uma brincadeira. Para mim, era algo irritante. No estado em que me encontrava, qualquer "pingo d'água" me fazia transbordar de raiva. Eles brincavam. Eu me sentia ofendido.

Voltava para casa e não encontrava um lar. Não me sentia acolhido e querido. Não havia harmonia. Os diálogos haviam se tornado discussões. Eu não conseguia conversar com a minha mãe, não conseguia abraçá-la. Parecíamos ímãs que se repeliam.

Eu me sentia incompreendido e injustiçado, dentro da minha própria casa. Lá estava eu, mais uma vez, vestindo a capa da vitimização. Hoje enxergo a minha responsabilidade. Era eu quem causava a turbulência. O ambiente era inflamável, mas eu que riscava o fósforo e ateava o fogo. Talvez, realmente fosse eu o problema.

Não assumia meus próprios erros. Se havia algo errado, a culpa era de alguém, não era minha. Poderia até não ser, mas essa postura não me levava a lugar nenhum. Costumava transferir a responsabilidade para os outros o tempo todo. Era o mundo que conspirava contra mim. Eram todos contra mim. "Quanta injustiça", pensava.

A lista de culpados era imensa.

Assim que algo de ruim acontecia na minha vida, eu consultava mentalmente essa lista. Procurava identificar quem era o culpado da vez. Ou os culpados. Era uma eleição injusta, enviesada.

Os dados utilizados na escolha eram confusos, muitas vezes não fazendo sentido algum. Mas a palavra final era minha.

Os meus pais, o abusador sexual, os meus ex-empregadores, o meu padrasto, todos eles costumavam frequentar a lista. Eu não. Meu nome, até então, não constava na listagem. Como eu, justo eu, poderia ser o causador de tantos problemas na minha própria vida? Como eu, justo eu, poderia ser responsável por me fazer infeliz? Assumir isso era exatamente o que me faltava para seguir adiante. E era, ao mesmo tempo, aterrorizante e libertador.

A vitimização me consumia. Continuar responsabilizando os outros pelos meus fracassos, pelas minhas derrotas, não parecia ser uma estratégia inteligente. Claramente era uma atitude de perdedor. Não havia indício algum de melhora na minha vida ao adotar essa postura. Pelo contrário, os fracassos pareciam só aumentar. A minha vida só começou a mudar quando reconheci que eu também deveria fazer parte da lista. Na verdade, a lista deveria ser de um nome só: o meu.

A partir dessa nova perspectiva, consegui reunir a energia necessária para retomar o controle da minha própria vida. Primeiro de tudo, precisava me perdoar. Fazer as pazes comigo mesmo. Voltar a ser um aliado, deixar de ser meu próprio inimigo. Perdoar é difícil. Na teoria é simples. Contudo percebi, em diversas oportunidades, que não conseguia exercer o perdão de forma plena. Mas eu haveria de exercitá-lo. Era necessário perdoar aqueles que estavam ao meu redor.

O perdão tornou-se a chave mestra para destrancar as amarras que me impediam de prosseguir em minha jornada. Apesar de as cicatrizes em minha alma serem permanentes e indeléveis, compreendi que não deveria buscar apagá-las. Eram elas que delineavam minha identidade, moldavam meu caráter e determinavam quem eu era. O propósito não consistia em apagar essas marcas, mas sim em aceitá-las, refletir sobre elas, honrá-las e extrair aprendizados preciosos, permitindo-me caminhar em direção a uma vida plena e serena.

Permanecia paralisado enquanto não tivesse coragem para encarar e assimilar essas cicatrizes. Minha existência estagnada se assemelhava a um automóvel esquecido em um beco sombrio e deserto, com vidros estilhaçados, assentos dilacerados e pneus furados, à espera de redenção. Enquanto a atenção se mantivesse concentrada nessas "marcas", esta seria a minha condição — um carro abandonado, sem perspectiva de seguir adiante.

A direção de nossa vida está em nossas mãos e é fundamental não delegar esse controle a ninguém. Precisamos tomar ciência de que temos todos os instrumentos necessários para solucionar nossos próprios desafios e dilemas. A vida é feita de aprendizados e, ao perdoar a nós mesmos, abrimos as portas para assimilação e crescimento. Nesse processo, ao aprendermos com nossas vivências, amadurecemos e nos tornamos aptos a enfrentar o futuro com sabedoria e serenidade.

Não conceder perdão à própria alma é um ato imperdoável, revelando arrogância. Ao nos perdoarmos, reconhecemos a nossa imperfeição e humanidade.

reflexões da parte 2

ESTAS PERGUNTAS SÃO UM CONVITE À REFLEXÃO, VEJA AS QUE MAIS SE APLICAM À SUA REALIDADE.

Como a busca por aprovação social influencia suas decisões? _____
_____
_____

Quais fatores atrapalham você na construção de relacionamentos íntimos e duradouros? _____
_____
_____

O que a busca por gratificação instantânea revela sobre a maturidade emocional de uma pessoa? _____
_____
_____

Você tende a seguir os passos dos seus familiares e a pressão familiar ou toma suas próprias decisões? _____
_____
_____

Quais são os fatores cruciais para se manter a perseverança em busca de mudança e superação? _____
_____
_____

Qual o papel dos livros na autodescoberta e transformação pessoal? _____
_____
_____

Qual o papel do apoio familiar e de palavras encorajadoras na recuperação pessoal? _____
_____
_____

Como identificar sinais de afastamento emocional da família? _____
– _____

Como a frase "ninguém toma banho no mesmo rio duas vezes" se aplica à sua vida? _____ __
_____
_____

Você já experimentou um sentimento de não pertencimento? Como lidou com isso? _____
_____

É mais fácil culpar outros por problemas ou assumir responsabilidade? Por quê? _____
_____

Já teve uma revelação de você ser o único culpado do estado que sua vida se encontra? _____
_____
– _____

Como você vê a autocompaixão como parte do autodesenvolvimento em sua vida? _____
_____
– _____

Qual a importância do perdão para o desenvolvimento pessoal, segundo sua interpretação? _____
_____
_____
_____

Aceitar as "cicatrizes da alma" é necessário para seguir em frente? _____
_____
_____

**Meu nome, até então,
não constava na listagem.
Como eu, justo eu,
poderia ser o causador de tantos
problemas na minha própria
vida? Como eu, justo eu,
poderia ser responsável
por me fazer infeliz?**

QUE-BRAR

1. Mudar de direção com curva acentuada; virar.
2. Desviar da sua direção original; refratar.
3. Causar grande abalo emocional; abalar; partir.
4. Dominar, subjugar, vencer.
5. Ultrapassar marca ou limite estipulados.
6. Por fim a; acabar; cessar; destruir.
7. Causar ou sofrer interrupção; cortar; interromper.
8. Anular o efeito ou a influência de; ilaquear.
9. Fazer desaparecer; dissipar; extinguir.

PA-DRÕES

1. Tipo oficial de pesos e medidas.
2. O que serve de referência; modelo; paradigma.

parte 3

QUEBRANDO
PADRÕES

o início do protagonismo

no fundo do porta-luvas

Era um domingo, eu acabara de descarregar o meu caminhão em Marabá, no estado do Pará. A viagem fora longa e cansativa, como a maioria das viagens que realizei. Aparecida de Goiânia, estado de Goiás, seria o meu próximo destino. Estava com tempo. Poderia ter ficado um pouco mais em Marabá/PA, mas resolvi seguir em frente. Algo me dizia que deveria partir.

No trajeto, parei em um posto no interior do estado do Tocantins, onde costumava abastecer o caminhão. Além do posto, o complexo contava com um restaurante e um local onde os caminhoneiros costumavam ficar.

Já era fim de tarde e, como estava bastante cansado, resolvi tomar um banho antes do jantar. Eu dormiria por ali mesmo naquela noite, assim como havia dormido outras tantas vezes ao longo dos meus 33 anos. A caminho do restaurante, percebi que um outro caminhão estacionou ao lado do meu.

Eu já estava sentado e aguardando a minha refeição, quando escutei alguns passos vindo na minha direção. Em determinado instante, o som resultante do contato entre o piso e o sapato foi interrompido e deu lugar a uma voz grave:

— Você é o dono daquele caminhão?

— Sim, sou eu — respondi fria e imediatamente, ainda tentando entender qual seria o rumo daquela prosa.

— Muito prazer! Me chamo Paulo.

— Igualmente. Eu sou Francisco — respondi sem saber como proceder na sequência.

Convidei-o a sentar-se à mesa, junto comigo, para jantar. Logo começamos a conversar. Aquelas conversas típicas entre estranhos, que começam com as perguntas mais comuns e vão se aprofundando aos poucos. De cara, deu para perceber que Paulo era uma pessoa agradável, de pureza no coração. Daquelas pessoas que conversam olhando nos olhos, que escutam o que você diz, sem fazer interrupções. A conversa fluía bem. Não percebi o tempo passar.

Ao final do jantar, combinamos de seguir viagem juntos no dia seguinte. Coincidentemente, o destino dele também seria Aparecida de Goiânia. Quando levantei para me despedir e sair, Paulo me pediu um instante. Disse que, antes de nos despedirmos, gostaria de me presentear com algo. Eu não estava acostumado a receber presentes. Não me recordava da última vez em que havia recebido um. Ao mesmo tempo em que achei aquilo estranho, confesso que fiquei curioso.

Paulo saiu em direção ao seu caminhão. Ainda do lado de fora, percebi que ele caminhava de volta ao restaurante com algo nas mãos parecido com um livro, de grande espessura. Pensei: "Nunca conseguirei ler algo tão extenso". À medida que se aproximava, percebi uma alegria em seu semblante. Aquela sensação de estar fazendo o bem a alguém, algo que eu não havia me acostumado a sentir ainda.

Paulo me presenteou com uma Bíblia.

Deixou-a em cima da mesa e se despediu. Fiquei sem saber como agradecer-lhe pela gentileza. Para ser sincero, fiquei sem saber, inclusive, como reagir. Eu não era uma pessoa religiosa. Meu contato com Deus era algo extremamente superficial. Já O culpara por alguns dos meus fracassos. Podia dizer que a nossa relação não era das mais amigáveis. Por pensar que Ele havia me abandonado, acabei abandonando-O também.

Estava pagando a conta quando escutei Paulo exclamar da porta do restaurante:

— Amanhã, quem acordar primeiro chama o outro!

Acenei com a cabeça, num gesto automático de concordância. Eu parecia ter arranjado um companheiro de viagem. O que fora uma conversa despretensiosa, foi interpretada por Paulo como um compromisso. Coloquei o presente no porta-luvas do caminhão e fui dormir.

Quando acordei, no dia seguinte, Paulo já estava de pé. Tinha a esperança de que ele tivesse esquecido o nosso combinado e ido embora sem mim, seguido a sua vida. Paulo mais uma vez me surpreendeu. Agora não com presentes, mas com o compromisso da palavra. Ele me aguardava para seguirmos juntos.

Eu não estava à procura de companhia, havia me acostumado a seguir sozinho, a ser um viajante solitário. Como reverteria a situação? A única saída que entendi ser nobre o bastante foi falar a verdade:

— Paulo, sei que havíamos combinado de seguir viagem juntos, mas a verdade é que prefiro viajar sozinho.

— Tudo bem, Francisco. Não há problema algum. Fica em paz! Você se incomodaria se eu orasse por você?

— De forma alguma — respondi, surpreendido por Paulo pela terceira vez.

Dei partida no caminhão enquanto ele orava por mim e segui a viagem sozinho, do jeito que estava acostumado. Aquela era a minha rotina. Em algum momento, eu pararia para beber, para me drogar, para me relacionar com prostitutas. Como fazer isso com alguém ao meu lado? Com um companheiro de viagem? Ainda mais com Paulo, uma pessoa amável e bondosa? O que pensaria de mim?

Francisco Bonfim

Um mês depois daquele encontro, eu estava em outra parada para dormir na estrada. Dessa vez, não estava preocupado em tomar banho e jantar antes de dormir. Ali, a ideia era outra. Eu iria me afundar na bebida, nas drogas e na prostituição. Não queria saber de conversa, de presentes, de novas amizades, nem ter a lembrança daquela noite assim que acordasse. E de fato não tive. Ao acordar, minha memória estava vazia, assim como a sensação dentro de mim.

Estava me preparando para partir. Virei a chave na ignição. O motor roncou. Prestes a engatar a primeira marcha, fui arrebatado por um sentimento horrível. Desliguei o motor e me debrucei sobre o volante. O que estava acontecendo comigo? Como havia permitido que minha vida tivesse seguido naquela direção?

Em meio a tantas reflexões, lembrei-me de Paulo. Lembrei-me do presente que havia recebido naquele jantar. Largada no fundo do porta-luvas, ainda na embalagem, estava a Bíblia que eu recebera dias antes. Rompi a embalagem plástica e comecei a folheá-la, página por página, até me deparar com a seguinte passagem de Isaías 43:24-25: "Me deste trabalho com os teus pecados, mas deles não me lembro mais".

Meus olhos imediatamente se encheram de lágrimas. Eu não conseguia contê-las. Ao mesmo tempo que me espantava com aquela situação, a sensação era de alívio. As lágrimas eram de alegria. Eu me espantei porque eu não chorava há mais de dez anos. Havia me esquecido da sensação das lágrimas escorrendo pelo rosto, do sabor salgado nos lábios, do esfregar dos olhos, do nariz escorrendo.

Não sei o que poderia ter acontecido se não tivesse me lembrado do presente de Paulo, se não tivesse me dado a oportunidade de ler a Bíblia naquele momento. Eu me permiti tempo suficiente para apreciar as lágrimas pois não queria que a sensação acabasse.

Assim que me senti pronto, respirei fundo, desci do caminhão, lavei o rosto e segui viagem, pensando no que acabara de acontecer.

E pensava também em Paulo. Queria muito falar com ele, agradecer-lhe, agora com significado, não o agradecimento raso de quando nos conhecemos. Mas não tinha o seu contato, deveria ter pedido o número do seu telefone naquela manhã que havíamos combinado de viajar juntos. A manhã que em desonrei minha palavra e acabei deixando Paulo para trás.

Meses depois, descobri que tínhamos um colega caminhoneiro em comum que gentilmente me passou o contato do Paulo. Não tardei a ligar. Ele continuava a ser a mesma pessoa agradável e estimulante de antes. Expliquei o motivo da minha ligação: ele havia me gerado lágrimas de uma fonte que havia secado há anos, e eu precisava encontrá-lo para agradecer, agora de coração, não da boca para fora. Combinamos de nos ver.

Assim que nos encontramos, ele me recebeu com um sorriso largo no rosto. Parecia mais feliz do que eu e ser ele quem estava à minha procura para um agradecimento. De imediato, fiquei constrangido por não o ter tratado melhor da primeira vez, quando nos conhecemos. Pedi desculpas por isso. Ele não percebeu maldade no meu comportamento. Após contar tudo o que me aconteceu, Paulo, sempre sorridente, me abraçou e agradeceu.

Francisco Bonfim

"Me deste trabalho com os teus pecados, mas deles não me lembro mais."

Isaías 43:24-25

tô dentro!

Fazia seis meses desde a última vez em que estive em Uberlândia/MG. Não que isso fosse raro. Longos períodos longe de casa costumavam ser rotineiros. Para ser sincero, eu nem prestava atenção no tempo. Em qualquer uma das outras ocasiões, se me perguntassem, talvez não soubesse dizer por quanto tempo estive fora. Mas dessa vez foi diferente. Algo havia mudado em mim. Agora, não via a hora de voltar para casa.

Assim que cheguei, corri para os braços de minha mãe. Era nítida a sua surpresa diante daquela atitude tão inesperada, tão incomum nos últimos anos. Dei-lhe um abraço apertado, como não fazia há muito tempo. Daqueles abraços que a gente não quer mais soltar, que o rosto repousa no ombro e a gente sente o coração do outro bater contra o nosso. Como era boa aquela sensação!

Quando o abraço se desfez, contei-lhe em detalhes os acontecimentos dos meus últimos meses, os que dariam início ao meu processo de transformação. Contei-lhe do presente de Paulo, do retorno das minhas lágrimas, das pazes com Deus.

Percebi a felicidade de minha mãe em saber do meu progresso. Ela estava diante de seu velho filho, porém, um novo homem. Seus olhos umedecidos deixavam clara a sua emoção. Suas costas pareciam levemente aliviadas. E era de se esperar. Afinal de contas, a minha transformação lhe tirara um peso tremendo.

Inspirado na atitude do meu amigo Paulo, resolvi presentear minha mãe também com uma Bíblia. Seria uma forma de nos aproximarmos ainda mais e de conhecermos mais a fundo os ensinamentos que permitiram que eu começasse a mudar. Uma mudança de dentro para fora.

Minha mãe embarcou nessa jornada comigo.

Encontramos algumas pessoas em Uberlândia/MG que tinham o hábito de se reunir para conversar sobre os ensinamentos do livro sagrado. As reuniões aconteciam às terças, quintas, sábados e domingos. O grupo era maravilhoso, bastante diverso e com pessoas que me ensinaram muito naquele momento. A força de um grupo muitas vezes é subestimada, ainda mais quando se trata de leitura e reflexão de pessoas com um propósito em comum. As pessoas não fazem ideia da importância de estar inserido num ambiente onde todos têm o mesmo objetivo, onde suas experiências são respeitadas e não julgadas. Estar ali e com a minha mãe, foi sensacional! Encontrar pessoas com um propósito em comum me ajudaria a consolidar o processo de transformação iniciado.

Logo no meu primeiro final de semana, após começar a fazer parte do grupo, fui convidado a participar de um retiro. Infelizmente, não estaria mais de folga do trabalho, e sim de volta às estradas. A ideia de perder aquela oportunidade, porém, me deixou bastante chateado. Justo quando havia reencontrado a alegria de viver.

Refleti muito sobre o convite que havia recebido e acabei optando por pedir demissão. Sem aviso prévio, sem benefício algum. O que eu mais queria era aproveitar a experiência de vivenciar um retiro ao lado de pessoas que me faziam sentir pertencente, me faziam sentir bem comigo mesmo. Logo eu que, até pouco tempo, enfrentava o medo do desemprego, era atormentado por ele. Não foi uma decisão fácil de ser tomada, mas Deus estava comigo, eu não poderia abrir mão desse momento. Não. Não após tê-Lo reencontrado. Desta vez, não iria decepcioná-Lo. Estava me sentindo renovado, com energia e vigor de um garoto.

Desempregado, tinha mais tempo para intensificar o meu processo de transformação. Poucos dias depois desse primeiro retiro, recebei uma ligação de Lorena ("Lô", como eu costumava chamá-la, depois que criamos uma relação de amizade). Um retiro similar estava previsto para acontecer na sua cidade, feito pelo ministério que ela frequentava. Então ela ligou para me convidar a participar. De imediato, respondi: "Tô dentro!"

Lorena era amiga de Paulo. Eu a conheci no meu segundo encontro com ele. Aquela marcado para lhe agradecer da forma apropriada por toda ajuda, amor e carinho que teve comigo. Até então, eu e Lorena só tínhamos falado por telefone, só conhecia a sua voz. Essa seria a primeira vez que nos encontraríamos pessoalmente.

Lô morava em Campo Grande, no Mato Grosso do Sul. A viagem seria de ônibus até lá. Dessa vez, viajaria pela estrada como passageiro, apreciando as paisagens sem a tensão de conduzir um caminhão e sem o receio de pegar no sono, de "cambalear" entre as faixas. Ao chegar à rodoviária, Lô estava lá me esperando. Sabia quem ela era porque havia me dito como estaria vestida. E eu também. Foi como se nos conhecêssemos desde crianças. Fui muito bem recebido por todos os que frequentavam o seu retiro e, mais uma vez, o final de semana foi inesquecível!

Quando voltei a Uberlândia/MG, me senti uma nova pessoa. A cada dia, eu conhecia uma versão melhor de mim mesmo. Alguém que começava a valer a pena conhecer. Sentia-me mais próximo do Francisco que eu queria ser. Isso me deixava feliz e com a sensação de estar no caminho certo. Finalmente, não me achava um incômodo. Sentia-me pertencendo a algo maior.

Essas novas experiências me faziam muito bem. Isso era nítido. Contudo, minhas reservas financeiras começaram a acabar. Eu precisava mudar a minha condição de desempregado, pensar numa alternativa. Decidi retornar às estradas, pois esse era o único ofício que eu sabia fazer.

Francisco Bonfim

Depois de muita procura, consegui uma oportunidade como folguista numa transportadora em Belo Horizonte. O folguista é o profissional que supre as ausências dos colaboradores numa escala de trabalho. É a figura de suporte que está sempre à disposição para quando for necessário.

Logo na primeira semana, um dos motoristas titulares da transportadora reportou problemas com o caminhão e eu, então, fui recrutado para assumir os seus compromissos. Seguiria viagem rumo a Fortaleza/CE. Percorri esse trajeto no passado, em outras oportunidades. Uma viagem longa, de aproximadamente 2.500 km.

Próximo ao destino, o caminhão que a transportadora me destinou para a viagem apresentou uma falha mecânica. Apesar da minha experiência com caminhões daquele modelo, fui incapaz de consertá-lo. Não tinha as ferramentas e as peças sobressalentes. E o cansaço também se fazia presente.

Comuniquei o imprevisto à empresa. Era um sábado. Um mecânico local foi enviado ao meu encontro, mas infelizmente também se mostrou incapaz de resolver o problema. Passei o final de semana inteiro às margens da rodovia, aguardando. Como se não bastasse o desconforto de estar parado na beira da estrada, acabei sofrendo um assalto. Nada violento, levaram apenas itens pessoais.

Na segunda-feira, o suporte rodoviário finalmente veio ao meu encontro. O caminhão foi rebocado e levado para reparo numa oficina mecânica especializada, onde, para minha alegria, o problema foi resolvido. Apesar do atraso, concluí a entrega. Era uma questão de honra. Nunca havia deixado de concluir uma entrega que estivesse sob minha responsabilidade.

Retornei à base da transportadora, mais 2.500 km foram percorridos na volta. Novamente, uma viagem cansativa. Só quem percorreu as rodovias federais sabe do que estou falando. Assim que cheguei, fui convocado para uma reunião com o gerente da empresa.

Confesso que me surpreendi. Imaginei que seria parabenizado pelo esforço e talvez até recompensado pela perda que tive em decorrência do assalto sofrido.

Entretanto, fui demitido sumariamente, sem chance de defesa. Realizei uma única viagem pela empresa.

Novamente, estava desempregado. Começaria ali a minha busca por novas oportunidades. Não seria fácil. Como nunca foi.

**Dei-lhe um abraço apertado,
como não fazia há muito tempo.
Daqueles abraços que a gente
não quer mais soltar,
que o rosto repousa no ombro
e a gente sente o coração do
outro bater contra o nosso.**

não perco por nada!

Quando descobri a existência dos meus "novos" irmãos, fiquei muito chateado, achava que eles eram a prova viva da infidelidade de meu pai. Mas havia chegado a hora de deixar tudo para trás. O perdão veio arrebatando meu coração com empatia. Desde então, não me sinto mais rejeitado como antes.

Estou feliz, sentindo que estou no caminho correto. Ao contar minha história, quero evitar que outros pais abandonem seus filhos e que outros filhos sofram e não perdoem seus pais. Todos fomos vítimas e todos seremos heróis e vilões de alguém. Possivelmente, os dois ao mesmo tempo.

Eu não fui um bom exemplo de irmão. Fiquei muito tempo indiferente e ausente da vida de minha mãe e, consequentemente, de meus irmãos menores. Sinto que poderia ter contribuído mais. Sei que o irmão mais velho, na ausência do pai, se torna uma referência para os mais novos, e nunca fui uma referência positiva.

Meu irmão mais novo sempre foi mais corajoso que eu. Ele era o meu oposto, enquanto eu era acelerado, ansioso, nervoso e explosivo, ele era calmo e pacificador. Nunca entrou numa discussão de família e sempre estava de ouvidos atentos para qualquer um que precisasse.

Naquela época, eu não aceitava ter um padrasto, mas, apesar de nossas diferenças do passado, reconheço que o companheiro de minha mãe foi, na realidade, um verdadeiro pai para os meus dois irmãos. Tenho um sentimento enorme de gratidão por ele. Gostaria muito que minha mãe e ele voltassem a viver juntos. Eles se separaram em 2020.

Francisco Bonfim

A relação havia começado em 1996, ou seja, quase 25 anos de vida conjugal. Uma ironia do destino, pois foi por causa de nossos desentendimentos que tive que sair de casa.

Após a minha transformação de vida, quando me aproximei de Deus, minha perspectiva quanto à existência dos meus meio-irmãos mudou completamente. Antes eu achava que eles eram apenas um estorvo em minha vida, o motivo pelo qual eu pensava que tinha sido rejeitado pelo meu pai. Isso gerava ciúmes em mim, mas passei a ver nitidamente que eles são presentes de Deus. Desde então surgiu um desejo de encontrá-los e conhecê-los, afinal eles são meus irmãos de sangue. São parte da minha história.

Em 2019, surgiu a oportunidade do grande encontro. Logo após o retiro espiritual que fiz com minha amiga Lorena, a Lô, recebi uma ligação da minha irmã, do primeiro casamento de meu pai. Ela me convidou para ir a sua casa, para uma confraternização. Prontamente respondi que iria e tivemos a ideia de juntar todos os irmãos nesse encontro.

Comecei a contatá-los, convidando-os para a confrater-nização. Meu pai ficou sabendo do plano e disse:

— Não perco esse encontro por nada nesta vida!

Ficamos muito ansiosos para a reunião.

Finalmente chegou o dia. Aos poucos todos foram chegando. No começo estávamos tímidos, um pouco desconfiados uns dos outros. Mas, à medida que a conversa ia engrenando, todos se soltaram e nossas afinidades foram aparecendo naturalmente. E assim começou aquele final de semana que jamais será esquecido. O mais surpreendente foi a nossa conexão, parecia que nunca tínhamos ficado tão distante uns dos outros, foi como se houvéssemos convivido e crescido juntos. Foi inexplicável.

E meu pai? Ele estava com um sorriso estampado no rosto, ,vendo quase todos os seus filhos confraternizando. Dentre todos, talvez eu seja com quem ele teve mais contato, o que recebeu mais atenção e carinho por parte dele. E talvez o único que ainda não o havia perdoado. Quando isso ficou claro em meu coração, fui para um lugar mais isolado e caí de joelhos, em lágrimas.

Decidi que aquele era o momento. Então me recompus, enxuguei as lágrimas e fui ao seu encontro aliviar meu coração e pedir seu perdão. Que momento inesquecível! Foram necessárias poucas palavras, o perdão foi aceito e selamos essa paz, essa conexão divina, com um longo abraço, algo que nunca fizemos nos anos que passamos juntos. Senti um alívio muito grande.

Depois desse momento de perdão mútuo, passei a enxergar Deus na face de todos ali presentes. Cada um com sua história de vida, mas todos conectados entre si por algum sinal divino.

Como queria ter meus irmãos perto de mim por mais tempo! Sentia falta do que não vivemos juntos!

A maioria deles cresceu passando por inúmeras dificuldades e desafios que a vida proporcionou, porém, continuavam firmes e felizes.

Chegava a hora de partir. Todos muitos felizes com o evento. A ideia de ver meu pai voltar para o Piauí sozinho, sem família, para morar longe de todos nós, me faz ter "saudades" dos momentos que poderíamos estar vivendo juntos.

Carinhosamente, ele me entregou uma cédula de dinheiro, toda dobrada, colocando-a em meu bolso da camisa. Fiquei muito constrangido naquele momento. Mas aquilo foi de um simbolismo enorme. Quando eu era criança, ele tinha o hábito de me dar algum "trocado" antes de partir para alguma viagem mais longa. Aceitei aquela cédula comovido com a lembrança que esse gesto representava. Dei mais um abraço nele e partimos.

Meu irmão mais novo entrou no carro comigo e disse:

— Francisco, somos frutos das orações deles.

Com a voz embargada, com vontade de chorar e contendo a emoção, respondi:

Francisco **Bonfim**

— Pode ser. — Virei o rosto olhando pelo vidro de trás e, vendo meu pai se distanciando, não consegui segurar as lágrimas.

**Decidi que aquele era o momento. Então me recompus, enxuguei as lágrimas e fui ao seu encontro aliviar meu coração e pedir seu perdão.
Foi algo inesquecível.**

de volta para casa

Encontrava-me numa estrada esburacada, ao volante da minha própria vida, confrontando o obstáculo inesperado do desemprego. O instante do meu desligamento, após o assalto, assemelhava-se a uma colisão frontal, um golpe tão potente que me fez perder o controle. Como iria reassumir o volante e guiar com confiança diante dessas adversidades? Sabia que precisava aprender isso, ou corria o risco de enfrentar o muro da depressão mais uma vez.

Nesse ínterim, a luz da percepção iluminou o caos da minha consciência, que estava atormentada e exaurida pelo meu estilo de vida disfuncional, numa busca frenética e indefinida, um desejo insaciável que consumia minha energia e me deixava esgotado. Seria essa a razão dos meus recuos constantes? Ficava claro que precisava acalmar a tempestade e organizar a bagunça em minha mente para moldar meu futuro. Contudo, o desespero e a dúvida me cercavam, me aprisionando em minha própria confusão. A necessidade de uma nova e diferente abordagem tornou-se evidente.

Em meio à turbulência, percebi que minha mente possuía a potência de um carro de Fórmula-1, com a força e o potencial para atingir altas velocidades e conquistar novos horizontes. Mas precisava de um piloto habilidoso, alguém capaz de dominar o motor e manobrar nas curvas perigosas. Foi então que decidi assumir o controle do volante e conduzir minha própria corrida mental. Minha mente, negligenciada por tanto tempo, precisava de mim.

Até aquele momento, eu mantivera o piloto automático ligado. Era apenas um passageiro em minha própria vida, com pensamentos negativos e emoções tumultuadas dentro de mim, como um motor superaquecido. Ao pegar o volante, percebi quanto tempo havia desperdiçado e comecei a valorizar as coisas simples da vida, sendo mais grato pelo que possuía, ou pelo menos tentava.

Como passageiro, eu estava sempre ansioso, temendo a velocidade e as curvas da vida. Essa constante preocupação gerava um estado de ansiedade, antecipando dores que existiam apenas em minha imaginação e sugando minha energia vital, afundando-me num estado de letargia total.

Compreendi que nossa mente pode ser comparada a uma Ferrari em pleno vigor ou a um Fusca quebrado, tudo depende de como a tratamos. Em minha incapacidade, recorri à oração, buscando a ajuda do Divino. E nesse momento, em um sopro do inexplicável, senti uma presença poderosa e uma voz suave de Deus sussurrar em meu coração:

— Filho, sempre que se sentir em um cruzamento perigoso, clame por mim.

Enquanto sentia esse calor penetrante percorrer meu corpo, como se estivesse entrando em um estado transcendental, percebi que estava envolvido em um amor incondicional, uma aceitação que não se importava com os erros que eu havia cometido.

A realidade de minha jornada tornou-se clara: vinha seguindo por estradas esburacadas e escorregadias, com o para-brisa de minha vida embaçado, limitando minha visão do caminho à frente e impedindo-me de progredir com segurança e clareza. Isso sinalizava a necessidade de alguns ajustes, uma parada estratégica antes de continuar minha jornada – um *pit stop* existencial.

O primeiro ajuste seria conceder aos meus pais a honra que

mereciam. Admito que a ideia de perdoá-los me intimidava. Havia passado muito tempo direcionando a culpa de minhas falhas a eles, permitindo que meu coração se endurecesse.

Seria necessário desfazer essa teia de julgamentos, abrir meu coração e permitir que o amor que sentia por eles florescesse, independentemente de suas virtudes e falhas. Comecei a perceber que, ao longo da minha corrida, não estava cuidando devidamente das relações mais importantes.

Tinha que aceitá-los como eram, reconhecendo que fizeram o melhor que podiam por mim e meus irmãos. Mas eu seria capaz de tal altruísmo? Entendia o que era necessário, mas ainda não tinha certeza se iria conseguir ou querer fazê-lo.

Comecei a perceber que não vinha amando meus pais da maneira que deveria, estava tão concentrado em mim mesmo que havia me transformado em um egoísta consumado, incapaz de nutrir sentimentos por outra pessoa. Barrava qualquer tentativa de intimidade, fosse por vergonha, fosse por sentir que não era merecedor. No fundo, simplesmente não conseguia me amar. Achava que era indigno até mesmo do meu próprio amor.

Naquele momento de introspecção, comecei a perceber a profundidade da minha dor e a necessidade de mudança. Para seguir em frente, teria que enfrentar essas emoções e me redescobrir.

Pela primeira vez em muito tempo, senti esperança, um sinal de que era possível mudar meu caminho.

Refleti que quando uma família é "desestruturada", suas fundações não são firmes, o impacto é sentido por todos os seus membros. Não que eu estivesse tentando vitimizar-me, mas sem dúvida essa realidade influenciou minhas escolhas e o estilo de vida que levei por tanto tempo. Hoje, com gratidão, reconheço a família que tenho, mas tive que parar e olhar com os olhos d'Ele para realmente entender.

Francisco **Bonfim**

Pude perceber que quando um membro da família sofre emocionalmente, todos são impactados. Os papéis se misturam, você absorve sua própria dor e, a dor dos outros e, nesse processo, torna-se incapaz de desenvolver sua própria identidade. Foi exatamente o que aconteceu comigo – eu não sabia quem realmente era. Eu precisava encontrar minha identidade. Já tinha superado o vitimismo, a alienação, resolvido protagonizar minha vida. Mas onde estaria a minha identidade plena, aquela que transcende e nos faz perdoar os que nos ofenderam pois sabemos quem somos e filho de Quem nós somos.

Naquele momento, a realidade se tornou clara: quanto mais me escondia, por vergonha ou orgulho, mais minha vida ficava estagnada. Percebi que esse comportamento pode ter afetado outras pessoas de maneira negativa, mas o maior prejudicado sempre fui eu. A solução, então, surgiu em minha consciência. Não era uma tarefa fácil, mas era simples: dizer a verdade liberta. Comecei a me preparar para isto, para dizer a verdade, principalmente aos meus pais.

Em uma súplica silenciosa, perguntei a Ele qual era o principal combustível desta vida, aquilo que nos impulsiona a seguir em frente pelo caminho virtuoso, independentemente do pasado. E então, em meio à quietude de minha alma, senti claramente Sua resposta:

— Recorde-se, qual foi a primeira mensagem que lhe entreguei, quando você decidiu voltar ao meu encontro? — Sua voz permeou o silêncio em meu coração.

— O perdão — e respondi, uma única palavra, ressoando como um eco em meu coração.

— Precisamente, — Ele afirmou — o perdão é como o óleo que lubrifica o motor. Sem ele, seu veículo da vida nunca alcançará o desempenho para o qual foi projetado.

Estava aos poucos desvendando a complexidade do amor e do

perdão na trilha tortuosa de minha existência e me questionava: como poderia prestar uma homenagem justa aos meus pais a partir de agora? Nossas conversas há tempos haviam se transformado em meros cumprimentos de convenções sociais, sem a sinceridade que a intimidade familiar deveria permitir.

Decidi que, para reacender a chama desse relacionamento, teria de desnudar minha alma perante eles, aceitá-los com todas as suas imperfeições, como esperava que eles me aceitassem com as minhas.

Precisaria revelar-lhes o retrato completo de minha existência, manchada por minhas falhas e pecados.

Havia tomado minha decisão, restava apenas aguardar pela ocasião propícia.

Por muito tempo culpei-os por tudo que eu sofria, pelos meus sonhos não realizados, pelo sabor amargo da vida que eu experienciava. Nunca fiz a pergunta inversa, nunca inquiri sobre a trajetória deles, das batalhas que travaram, dos sonhos que abandonaram.

Movido por um ardente desejo de redenção, dançava em um dueto com o Divino, buscando o perdão para acalmar a tormenta em minha alma, náufraga em um oceano de conflitos. Na busca por esse perdão, ansiava pela luz divina a guiar meus passos, para que não me perdesse novamente no emaranhado de conflitos e desespero.

Foi então que, de forma surpreendente, senti o perdão divino em minha vida. Ele invadiu meu coração, preenchendo-o com uma serenidade tão delicada e uma alegria tão completa que transbordava em meu coração, acelerado e seguro, fazendo-me sentir amado. Nesse instante, senti-me fortalecido e pronto para conceder meu próprio perdão, um presente para mim e para aqueles que haviam me ferido na jornada da vida.

Ao retornar ao lar paterno, senti o amor divino me envolver como uma manta quente, suavizando o frio da rejeição e da tristeza que durante tanto tempo me castigaram. O amor do Pai, puro e incondicional, começou a preencher cada recanto de minha existência, libertando-me de cada sombra de revolta. As amarras que me prendiam à dor foram rompidas, dando lugar à compreensão e ao amor.

Finalmente, a paz. Uma paz tão profunda e autêntica que parecia ecoar por onde eu passava, trazendo consigo uma brisa suave que sussurrava promessas de liberdade, inspirando-me a escapar das prisões que eu mesmo havia construído. A paz agora residia em mim e ao meu redor, preenchendo o vazio e curando as feridas.

Compreendi então que minha incapacidade de amar provinha do fato de nunca ter me sentido verdadeiramente amado. Eu não conhecia o amor. Passei a sentir que estava, aos poucos, ganhando controle sobre mim mesmo e sobre meus pensamentos. Meu horizonte se expandia. Podia enxergar os diversos obstáculos em meu caminho, mas eles já não eram barreiras intransponíveis. Quando necessário, fazia pausas breves para reparos. Respirava fundo, alimentava-me de Sua presença e prosseguia.

Continuei buscando humildemente mais imperfeições em mim e não foi difícil encontrar outras "peças" necessitando de reparo. Não tinha um modelo a seguir. Foi quando ouvi novamente Seu sussurro em meu coração:

— Sou a sua referência a partir de agora.

Mais uma vez, senti Seu sorriso enquanto me dizia:

— Que sua atitude seja como a de Jesus, que, mesmo sendo Deus, não considerou que ser igual a Deus era algo a que deveria se apegar; mas esvaziou-se de si mesmo, tornando-se servo e semelhante aos homens, conforme Filipenses 2:5-7.

Baixei minha cabeça, envergonhado de mim mesmo, mas

alegre por estar sendo orientado. Lágrimas começaram a escorrer e, em Sua misericórdia infinita, Ele sussurrou:

— Calma, isso é graça, o favor imerecido.

Ao ouvir isso, chorei ainda mais, pois de fato eu não era merecedor nem tinha como retribuir. Ele, com todo o Seu amor, me consolou:

— Fique tranquilo, já paguei o preço por você na cruz!

Depois de ouvir tudo isso, finalmente pude entrar em descanso. Senti Sua presença tão perto, abraçando-me e acalmando minha alma:

— Descanse em Mim. Descanse em Mim.

Resolvi descansar nEle. E continuar aprendendo enquanto sentia tão fortemente sua presença.

Em nossa conversa, encontramos outra "peça" que estava dificultando o funcionamento do meu motor: o orgulho. Eu vestia uma armadura de orgulho para me proteger de tudo e de todos, mas essa armadura apenas me afastava das pessoas e do bom caminho. Ele me fez entender que quem corre sozinho não consegue ir longe e complementou dizendo que o orgulho nunca está sozinho, sempre é acompanhado de outro defeito: a arrogância. Como eu ansiava por me livrar de todo aquele comportamento tóxico!

Novamente, ouvi Sua voz:

— Quando você voltar para a corrida, suas ações dirão mais sobre você do que suas palavras.

Ele não queria que eu falasse d'Ele, mas que as pessoas o vissem através das minhas ações. Senti-me revigorado, meu coração inundado por uma energia divina que me fez querer gritar de alegria.

— Além das peças trocadas e consertadas, o que mais pode me ajudar a realizar uma corrida espetacular? — perguntei.

Em um momento de profunda conexão e entusiasmo espiritual, Ele ergueu minha frágil figura. Com um olhar que parecia penetrar minha essência, cuidadosamente enxugou cada lágrima com Suas mãos que emanavam amor. Sua voz ecoou em meu coração:

— Precisamos seguir em frente, pois você tem uma corrida para viver.

Ele me envolveu em um abraço que parecia curar todas as feridas de minha alma e prosseguiu, sussurrando em meu coração com uma voz gentil e firme:

— Você nunca está sozinho, meu filho. Eu sempre estarei aqui para te guiar e proteger.

Refletindo sobre aquelas palavras profundas, senti um calor crescente dentro de mim, como se uma chama divina fosse acesa. Um silêncio profundo inundou minha alma, e Sua voz suave sussurrou:

— Este é um dos presentes mais valiosos da vida: o silêncio. Em certos momentos, é o maior presente que alguém pode receber.

Com hesitação, perguntei:

— Posso fazer mais uma pergunta? Como Você conhece tão bem as máquinas (nós) e o manual (a Bíblia)?

Ele sorriu calorosamente, como a luz do sol em um dia radiante, e respondeu com ternura:

— Oh, meu querido filho, a resposta é simples: Eu sou o Criador das máquinas e Autor do manual. Tudo isso foi feito sob a minha direção.

— Todas as máquinas são iguais? — perguntei, curioso.

E Ele respondeu:

— Não, meu filho, cada máquina é um tesouro por si só, com suas peculiaridades e habilidades. No entanto, todas são unidas pelo fio luminoso do DNA do seu Criador.

Então Ele olhou profundamente nos meus olhos, como se depositasse toda a Sua fé em mim, e disse:

— É hora de você retornar à sua corrida, meu filho. Lembre-se de que estarei contigo a cada passo do caminho e em cada batida do seu coração.

E assim, com uma bênção eterna, Ele me guiou em minha jornada, reacendendo minha fé e fortalecendo minha alma para enfrentar o mundo.

Cheguei ao final desse um *pit stop* existencial pronto para retornar à corrida, para encarar o próximo desafio. Estava pronto para viver de verdade, amar de verdade e perdoar de verdade. Agora, ao olhar para a pista à minha frente, sinto a emoção e a expectativa do que está por vir.

Com o motor afinado, pneus alinhados e tanque cheio, estou pronto para a corrida da minha vida. Pronto para deixar o passado para trás e encarar o futuro com coragem e determinação. Pronto para viver a vida que Deus planejou para mim, pronto para aceitar o amor e a graça de Deus.

Estou pronto para pisar no acelerador e avançar, para encarar o futuro com coragem e determinação. E, com a ajuda de Deus, sei que posso vencer qualquer corrida que a vida me propuser. Eu repetia esses mantras frequentemente.

Energizado, resolvi viver o primeiro grande amor da minha vida até então e colocar em prática tudo que senti nesse momento mágico. Não foi fácil. Ainda faltavam peças em mim. Eu deveria ter tido a conversa com meus pais antes. Mas a vida acontece quando deve acontecer.

Francisco Bonfim

**Ele não queria
que eu falasse d'Ele,
mas que
as pessoas O vissem
através das
minhas ações.**

algodão-doce

Achava que tinha encontrado minha felicidade e que me curaria de todas as minhas dores e frustrações, pois sabia que não estava mais sozinho. Nada mais poderia me fazer cair. Estava de bem com a vida.

Haviam-se passado quatro anos desde o dia em que fui presenteado com a Bíblia. De lá para cá, a minha vida oscilou bastante, mas eu sentia que estava evoluindo. A cada queda, me levantava com mais força, com mais confiança. Encontrara uma oportunidade de emprego numa nova transportadora e estava me sentindo muito feliz. Mal sabia que seria ali que eu encontraria o meu primeiro amor.

Certo dia, estava indo ao setor financeiro a fim de preparar a papelada antes de sair para uma nova entrega. Assim que desci para o andar térreo, me dirigindo ao caminhão, me deparei com Penina pela primeira vez.

Penina não havia notado a minha presença, mas a sua presença foi notada por mim. A sua beleza era encantadora. Impossível não se sentir atraído por ela. Ela era uma mulher com 1,60 m de altura, cabelos pretos, compridos, olhos castanhos que se destacavam num rosto perfeitamente harmonizado. Ah, e um sorriso hipnotizante.

Eu estava de saída. Ficaria cerca de trinta dias na estrada. Geralmente, esse era o período previsto para concluir as entregas e retornar para a base. Dessa vez, eu levaria a imagem de Penina na minha mente. Seria uma viagem, certamente, muito mais agradável. Eu mal havia saído e já queria voltar para vê-la, para conversar com ela, estar ao seu lado.

Ainda não sabia o seu nome. Foi durante essa viagem, num dos raros momentos de descanso de todo caminhoneiro, que descobri o seu nome, através do Facebook. Estava navegando pela página da empresa quando vi a sua foto. Penina. Havia cruzado com ela nos corredores do escritório, mas nem sabia que ela também era uma funcionária. Segundo a descrição do seu perfil na rede social, ela ingressara na empresa há pouco tempo.

Percebi meu coração mais acelerado, mas não tive dúvidas. Cliquei no botão de solicitação de amizade, fechei o aplicativo e fui dormir pensando em Penina. Demorei a pegar no sono. A ansiedade tomava conta de mim. "Será que ela aceitará a minha solicitação de amizade?" "Teria eu sido muito ousado em abordá-la virtualmente?" "Será que tinha alguma chance com ela?" Essas eram algumas das perguntas que me mantinham acordado. Aquela noite não seria igual às outras.

A resposta não veio de imediato. Penina aceitou a minha solicitação de amizade alguns dias depois. Esse hiato, entre a minha solicitação e o aceite, me deixava ainda mais ansioso. Quando a resposta finalmente veio, meu coração era pura alegria. Não tive coragem de mandar mensagens. Achei que seria esquisito iniciar a nossa relação dessa forma. Preferi conversar pessoalmente, assim que retornasse à empresa.

Durante todo o meu período de volta, não troquei uma palavra com Penina. Até então nos cruzávamos pelos corredores e eu me limitava às trocas de olhares. Na primeira vez que cruzei com ela, tive a certeza de que havia algo de especial entre nós.

Os olhares eram discretos, nada que chamasse a atenção dos outros. Estávamos naquela fase de estudos. Um estudando o comportamento do outro, procurando uma brecha para dar o passo seguinte. Mas logo tive que voltar às estradas.

Ao longo da viagem, o Facebook passou a ser um grande aliado. Eu acessava a rede social, diariamente, para buscar conforto na imagem de Penina.

Estava contemplando a sua foto quando recebi uma nova mensagem no meu perfil. Era ela. Penina me perguntou de onde me conhecia, talvez fingindo não se lembrar das nossas trocas de olhares, ou de fato não me reconhecendo. "Será que eu estava imaginando coisas? Será que não havia troca de olhares? Era apenas eu que olhava?"

Busquei "refrescar" sua memória.

— A gente se conhece das trocas de olhares nos corredores da empresa. — Ousei seguir por esse caminho.

Ela "riu" (ah, o poder dos emojis).

— Ah, claro. É verdade! Agora me lembro de ti — exclamou uma Penina com a memória refrescada.

Conversamos por um bom tempo pela rede social naquele dia e nos dias que se seguiram até o meu retorno. Ali começava uma relação de maior envolvimento entre nós. Ali senti que a vida valia muito a pena ser vivida. Sentir o que eu estava sentindo era algo que todos deveriam experimentar na vida. Cada vez mais, entendia o que significava ser feliz.

À essa altura, já havíamos trocado os números de nossos celulares. Quem tomou a iniciativa fui eu. Na primeira vez que liguei para Penina, não vimos o tempo passar. Foram três horas conversando, mas a sensação era de que havíamos acabado de começar. Passei a ligar para ela todas as noites durante a viagem. Apesar da correria, sempre encontrava um espaço na minha agenda atribulada para ouvir a sua voz.

Penina tinha 26 anos. Eu tinha 37. Ela morava com sua filha de 3 anos, Belinha. Uma menina linda, que conheci em uma das videochamadas durante meu período nas estradas.

Quando voltei dessa última viagem, fui correndo atrás de Penina. Não via a hora de nos encontrarmos fisicamente. Agora entraríamos numa nova fase. Não mais a fase de troca de olhares. Eu ansiava por vê-la, abraçá-la, beijá-la. E foi assim. Três meses depois, estávamos morando juntos.

Entreguei-me a esse relacionamento a ponto de renunciar meus sonhos para viver os sonhos dela. Nossa relação era profunda. Tudo o que eu fazia era por ela e para ela. "Mas será que eu estou preparado para uma relação amorosa sem amor-próprio?" Esse tipo de pensamento, em pouco tempo, começou a ocupar a minha mente.

Penina era uma mulher muito determinada. Ela me confessou ter sido abusada quando mais nova, pelo seu padrasto. Ouvi sua história em silêncio. Não compartilhei o que havia acontecido comigo. Arrependo-me de não ter me aberto com ela, assim como ela havia feito comigo. Eu me senti um covarde. Talvez eu não conseguisse continuar aquela relação caso tivesse externado o que acontecera comigo.

Eu adorava o nosso convívio. Eu, Penina e Belinha éramos uma família, nos dávamos muito bem. Belinha era carinhosa e uma criança muito doce. Apelidei-a de "Algodão-Doce", um apelido que resumia bem o que eu sentia por ela. Eu me apeguei muito, brincávamos e nos divertíamos no parquinho do condomínio –me sentia parte daquela família e amava a sensação.

Contudo, devido ao meu temperamento, desconfiança e ciúmes, logo começaram as brigas. O que era doce começou a ficar amargo. Quando isso aconteceu, percebi que não havia mais clima para continuarmos juntos. Decidi sair de casa a fim de refletir sobre aquela situação. Fiquei um bom tempo longe, buscando uma forma de controlar os meus sentimentos, de consertar o que havia se quebrado, mas fui incapaz.

A vergonha que eu sentia do meu passado, do abuso, e o fato de não ter conseguido me abrir com a Penina demonstrava m que eu ainda não estava pronto para me relacionar. Por maior que fosse o meu amor por ela e por Belinha, ainda precisava me resolver comigo mesmo.

Quando retornei para pegar meus pertences, a pequenina Algodão-Doce estava na portaria. De repente, ela veio correndo em minha direção, sua mãe gritou, mas não teve jeito de segurá-la. Ela me abraçou e disse com sua voz angelical:

— Francisco, eu te amo, tá!

Aquilo me marcou. Apesar da minha relação com Penina ter durado apenas 2 anos, nossa ligação foi muito profunda. Sentia realmente como se fosse pai de Belinha. E tenho certeza de que ela se sentia como se fosse minha filha. Aquilo foi extraordinário. Essa separação foi muito dolorosa para mim.

Tive uma recaída.

Dessa vez exagerei muito na dose, pensei que meu corpo não fosse suportar. Doeu demais ficar longe de Penina e de sua filha. Foi a maior perda que senti desde a saída da casa dos meus pais aos 13 anos. Novamente estava sem um lar e sem uma família, aos 38 anos.

Depois da separação, voltei para a casa de minha mãe. Fiquei me sentindo muito mal. Estava um lixo. "Será que nada na minha vida dá certo? Por que sou um fracassado?" Essas perguntas ficavam girando na minha mente.

Tinha acabado de sacar o benefício do seguro-desemprego. Peguei todo esse dinheiro e comprei cocaína. Fui para um lugar deserto e cheirei toda aquela droga em menos de uma hora, a ponto de quase explodir meu coração.

Fiquei ali, sentado na sarjeta, naquela rua deserta, até o amanhecer do dia. Nunca tinha percebido meu coração batendo tão forte daquele jeito. A sensação era de quase morte. Foi a gota d'água. A última vez que me envolvi com a cocaína.

Percebi que a minha vergonha era a grande responsável por tudo que eu vivia. Não tinha como seguir adiante sem cicatrizar as feridas do meu passado e superar o que me atormentava.

Com a determinação pulsando em meu coração, percebi: já estava na hora de parar de fugir. Já não queria mais ser o problema da minha própria vida. Sentia como se estivesse sendo sufocado pelos segredos que habitavam em minha alma, assombrando-me a cada passo que eu dava.

Atormentado, sabia que era tempo de enfrentá-los. Não podia mais me esconder, ser uma sombra vagando por minha própria existência. Precisava confrontar o passado, revelar o que estava oculto, curar o que estava ferido.

Com uma respiração profunda, me preparei para a mais difícil e necessária jornada de minha vida: a jornada de volta à minha infância, de volta à casa dos meus pais. Sabia que precisava confrontá-los, cutucar as feridas mal curadas para finalmente poder entender tudo o que aconteceu.

E, assim, decidi mergulhar de cabeça nessa maré tumultuada de emoções reprimidas. Inesperadamente, foi nessa imersão profunda em meu passado que vivi as revelações mais impressionantes e os momentos mais emocionantes da minha vida.

**A vergonha que eu sentia
do meu passado,
do abuso,
e o fato de não ter conseguido
me abrir com a
Penina
demonstravam que
eu ainda não estava pronto
para me relacionar.**

reflexões da parte 3

ESTAS PERGUNTAS SÃO UM CONVITE À REFLEXÃO,
VEJA AS QUE MAIS SE APLICAM À SUA REALIDADE.

Existe uma mensagem inspiradora que influencia suas atividades diárias? _____
_____
_____

Há algum trecho de texto sagrado que mudou sua perspectiva de vida? _____
_____
_____

Sente necessidade de agradecer por um presente especial recebido há meses? Você é grato? _____
_____
_____

Como você lida com situações desconfortáveis? _____
_____
_____

Você já encontrou alívio ou revelação em momentos de angústia? O que aprendeu com isso? _____
_____
_____

Quando foi a última vez que sentiu uma profunda gratidão? Quais foram as consequências? _____
_____
_____

Francisco Bonfim

Já passou por mudanças significativas ou sentiu que ficou estagnado por não sair da zona de conforto? _____
_____
_____

Já tomou decisões radicais para seguir seu chamado pessoal? Como foi essa experiência? _____
_____
_____

Você já sentiu a importância de pertencer a um grupo com objetivos semelhantes aos seus?_____
_____
_____

Você já teve que recomeçar após uma grande queda ou perda? _____
_
_____
_____

Quando foi a última vez que você aprendeu algo novo para mudar sua situação? _____
_____
_____

Já reconsiderou suas emoções sobre alguém que o machucou no passado? Como essa reconsideração afetou sua visão?
_____
_____

Já se sentiu culpado por não ser um bom modelo para irmãos ou parentes mais jovens? O que poderia ter feito de diferente? _____
_____
_____

Como lida com o arrependimento de não ter aceitado alguém importante no passado? Há maneiras de fazer as pazes agora? _____
_____
_____

Já se reconectou com familiares distantes? Como essa experiência mudou sua percepção deles e de você? _____
_____
_____

O perdão já transformou uma relação importante na sua vida? Como foi esse processo? _____
_____
_____

SAL
(latim sal, *salis*)
1. Substância dura, solúvel, friável, seca, composta de cloreto de sódio, empregada como tempero; sal de cozinha.
2. Combinação de um ácido com uma base.
3. Malícia que um dito ou escrito encerra; chiste.
4. Qualidade que dá interesse ou vivacidade a alguma coisa; graça.

FE-RI-DAS
1. Ferimento; golpe; chaga.

parte 4

SAL NAS FERIDAS

Identidade plena

segredos sufocantes

Eu enxergava minha mãe apenas como alguém que havia me expulsado de casa por causa de outro homem. Acho que, inconscientemente, tentava me vingar dela sendo um filho revoltado e problemático. Hoje tenho a consciência de que errei. Nunca tentei ajudá-la, nem sequer tentei entendê-la.

Enquanto levava uma vida completamente desregrada, amparando-me em álcool, drogas e noitadas, não prestei suporte algum à minha mãe. Parecíamos dois completos desconhecidos. Sempre fui muito frio e insensível com ela, durante anos. Como deixei isso acontecer? Critiquei tanto meu pai, mas havia seguido pela mesma trilha. Em todas as vezes que minha mãe precisou, falhei como filho.

Olhando para trás, fico envergonhado do meu comportamento. Uma mulher guerreira, batalhadora, com um coração enorme, apenas esperando um aceno meu para me abraçar e me encher de carinho. E eu completamente alienado, punindo-a com a minha indiferença. Eu era insensível como meu pai. Sem nenhum tipo de ligação emocional.

Quando me recordo de como me comportei com a minha mãe, sinto um arrependimento profundo. Eu poderia ter sido mais compreensivo, ter ajudado mais, ter sido um filho muito melhor do que fui. Quando finalmente ouvi sua história, tudo começou a mudar dentro de mim. Um amor muito grande brotou mais forte do que poderia sonhar. Senti uma vontade imensa de protegê-la.

Maria de Fátima teve uma infância muito difícil. Nasceu e viveu sua meninice em uma pequena cidade do interior do Ceará, chamada

Francisco **Bonfim**

Ipueiras, junto com seus sete irmãos. Meu avô materno, José de Souza Bonfim, era um homem forte e trabalhador. Diziam que ele era comparado a um touro, pela saúde, força e vitalidade que apresentava. Essa condição o ajudava a conseguir serviços nas terras da vizinhança. Ele era muito rígido e até mesmo violento na criação de seus filhos. Quando ia trabalhar na roça, sempre levava junto seis filhos, não importava se menino ou menina, para ajudá-lo nos trabalhos. Deixava apenas um filho em casa a fim de ajudar sua esposa nos afazeres domésticos.

A vida não era fácil para minha mãe. Viviam em uma área de muita seca, de muita escassez. Rezavam por chuva, a fim de que pudessem colher o alimento que plantavam. Alimentavam-se do pouco que tinham, daquilo que pescavam e caçavam. Às vezes faltava o básico, o arroz e o feijão, e se alimentavam apenas com farinha. Comiam bem quando a colheita era boa, em época de chuva farta. Iam a uma cidade vizinha para efetuar escambo na feira, da qual todos os produtores regionais participavam. Não recebiam salário, apenas parte daquilo que produziam nas terras que trabalhavam. Comemoravam muito quando chovia.

Quando passavam por um longo período de seca, a vida se transformava, tudo era muito difícil. Conseguir água limpa era praticamente impossível. A água era originária dos pequenos açudes da região, que em época de seca se tornavam um barreiro. Mesmo assim, o pouco de água barrenta que conseguiam, era usado para cozinhar e beber. Por conta disso, não havia peixes e as caças sumiam. Mas meu avô não perdia a esperança. Era nessa época de seca que se trabalhava mais. Preparavam a terra novamente, deixando tudo pronto na esperança de as chuvas chegarem novamente.

Meu tio, José Antônio Bonfim, irmão mais novo de minha mãe, certa vez, me contou que meu avô tinha como tradição presentear todos os seus filhos homens com uma faca assim que completassem 6 anos de idade.

Meu tio ganhou uma, assim como cada um de seus irmãos. A faca simbolizava força e segurança, dois conceitos importantes para a vida que levavam na roça. A regra era que eles deveriam andar com essas

facas sempre a tiracolo, por onde quer que fossem.

Se meu avô percebesse que não estavam portando suas facas, eles apanhavam de uma forma tão violenta que demorava alguns dias para se recuperarem. Não portar a faca era considerado um descumprimento às regras na casa. E isso ele não tolerava. Minha avó tentava interferir, mas ninguém podia com meu avô.

Minha mãe, aos 9 anos de idade, decidiu enfrentá-lo para poder estudar. Até então nenhum dos filhos havia frequentado a escola; não sabiam ler nem escrever. Não foi fácil, mas ela conseguiu, entre muitas discussões e até surras, concluir o ensino primário. Ela sonhava em sair daquela vida de extrema miséria e violência.

Aos 14 anos de idade, minha mãe enxergou uma oportunidade de ir para Brasília/DF, trabalhar com um tio dela que vivia lá, irmão de sua mãe, minha avó materna. Esse tio se chamava Deca. Pelo menos, era assim que o chamavam quando ouvia falar dele. Imagino que esse seja um apelido ou um jeito carinhoso de se referir a ele.

Minha mãe e sua irmã Antônia Bonfim, mais nova, enfrentaram o desconhecido e partiram para Brasília/DF. Elas começaram trabalhando na pensão do tio Deca, atendendo caminhoneiros e outros profissionais de obra, trabalhando como ajudantes na cozinha e lavando roupas. Eram muito exploradas, tinham direito apenas a comida e habitação. Dinheiro, só viam se recebessem gorjetas.

O hotel ficava próximo a uma área de prostituição, mas elas não cederam aos caminhos mais "fáceis". Trabalhavam sem descanso, chegavam a sangrar as mãos, fazendo a limpeza pesada, e guardavam cada centavo que recebiam das tão esperadas gorjetas.

Minha mãe, ainda novinha, estava decidida a mudar de vida. Com muita determinação e trabalho duro, juntou dinheiro suficiente para trazer toda a família para Brasília/DF, inclusive meus avós. Era muito mais forte do que eu podia imaginar.

Ela havia me contado tudo sobre a sua vida, e eu, mais uma vez, não consegui me abrir.

Mesmo assim, entendi que tinha chegado a hora de encarar o meu pai.

Quando meu pai se aposentou, ficou ausente de vez. Comprou umas terras próximo a Unaí/MG e mudou-se para lá. Nessa época, eu já estava trabalhando. Mas, apesar de cobrar de meu pai que ajudasse nas despesas da casa de minha mãe e meus irmãos, eu mesmo ignorava as necessidades pelas quais eles passavam.

Anos atrás, meu tio José Antônio Bonfim, irmão de minha mãe, me procurou e combinamos de visitar meu pai. Chegando em sua casa tive uma grande surpresa. Meu pai havia arrumado uma nova companheira, bem mais nova e estava grávida.

Fiquei muito desconfortável com a situação e tive uma das maiores discussões com meu pai. Eu não conseguia entender e muito menos aceitar aquilo. Ele alegava que não tinha condições de ajudar minha mãe, mas arrumou uma nova mulher e ainda por cima a engravidou! Continuava a ser inaceitável para mim. Fomos embora no dia seguinte. Meu tio retornou à sua casa e eu segui minha vida.

Percebi que, apesar das críticas ao meu pai, eu estava fazendo a mesma coisa que ele fazia, isto é, que ele não fazia. Mesmo eu tendo condições financeiras, fruto de muito trabalho (algo de que me orgulho e gosto sempre de frisar), também não ajudava minha mãe com nada. Vivia apenas para meus prazeres imediatos e meus vícios. Achava que o fato de ela ter se casado com outro homem me isentava da necessidade de contribuir, de ajudar. Uma pessoa trabalhadora, independente; a meu ver, ela não precisaria de mim. Pelo menos, era isto que eu falava a mim mesmo: "Ela não precisa de mim. Seu novo marido vai cuidar de tudo". Eu reforçava esse tipo de diálogo comigo mesmo até chegar ao ponto de realmente acreditar no que dizia.

A verdade é que fechei os olhos para minha mãe. E não me orgulho nem um pouco disso.

Tempos depois, descobri que meu pai teve uma filha com uma mulher que morava no vilarejo próximo à fazenda em que morei, era a décima filha.

Aquilo me deixava transtornado, já havia descoberto os cinco filhos do seu primeiro casamento, fora eu e meus dois irmãos, depois mais dois filhos com duas mulheres, sempre bem mais novas.

Meu pai teve no total dez filhos com quatro mulheres diferentes. Isso mexia demais comigo. Mas eu tinha que amadurecer e aprender a aceitar. Ele é um cara legal, porém era irresponsável com seus filhos. Eu me incomodava com o fato de ele não parecer se importar em abandoná-los. Porém, eu tinha que entender como perdoá-lo.

Apesar da sua história de ter tido várias famílias, nunca vi meu pai nervoso ou descontrolado. Em todos os lugares por onde anda, não há uma pessoa que não goste dele. Sempre levou uma vida leve, como se não tivesse responsabilidade alguma, e mesmo assim ainda é querido por todos.

Para mim, apesar de tudo, ele continua sendo meu herói. Ciente das suas falhas, enxergo nele meu pai, que procurou fazer o seu melhor. Ele sempre foi o meu único referencial de homem e eu queria ser igual a ele, pelo menos no caminhão havia sido. Agora, eu quero honrar sua vida, mas assumindo minhas próprias escolhas e mudando meu destino.

Nunca tinha tido uma conversa sincera com ele nem ouvido sua própria história. Porém ao decidir escrever a minha, seria inevitável ter essa conversa. Para minha surpresa, meu pai ficou muito contente quando eu disse que ele seria um personagem importante no livro que eu estava escrevendo.

Meus avós paternos tiveram nove filhos, sendo meu pai o primogênito. Eles viviam da agricultura no interior do Piauí. Viviam bem, não passaram por necessidades e, apesar de serem muito rígidos, deram uma boa educação aos filhos. Naquela época, era obrigatório "pedir a bênção" para o pai e a mãe, de manhã e antes de dormir. Antes de completar 18 anos, todos os filhos precisavam pedir permissão até para se levantar da mesa de jantar. Meu pai contou que chegou a levar uma surra de seu pai apenas por ter dançado, com muito respeito, com uma menina no baile.

Ele não gostava de trabalhar na roça, não sabia exatamente o que queria, mas sabia que não queria seguir os passos de meu avô. Desde novo, meu pai ansiava por liberdade.

Aos 20 anos de idade, ele conheceu uma menina por quem se enamorou. Sabia que, segundo a tradição familiar, se ele se casasse, teria a bênção de seus pais para seguir sua própria vida. E assim fez. Arranjou um encontro entre as famílias e pediu a mão de sua pretendida para o pai dela. Seu Aldo ficou um pouco resistente pois duvidava da capacidade de meu pai em garantir uma vida digna para sua filha.

Contudo, ele cedeu, permitiu e abençoou o casamento. E assim começou o primeiro casamento de meu pai, com Virgínia. Eles ganharam um terreno no centro da cidade e construíram uma pequena casa com a ajuda de meus avós.

Meu pai aprendeu a dirigir e logo arrumou um serviço para fazer entregas com um pequeno caminhão. Pouco tempo de casado e começou a desfrutar de sua tão sonhada liberdade. Frequentemente saía para bares e jogatinas e só voltava para casa de madrugada. Em dez anos de casados, tiveram cinco filhos: quatro meninas e uma menino.

Em determinado momento, ele decidiu ir a Brasília/DF em busca de melhores oportunidades de trabalho. Com a mudança de ares, Virgínia tinha a esperança de que seu comportamento melhorasse e ele se tornasse um pai e marido mais presente.

Infelizmente, não foi o que aconteceu. Meu pai continuou suas farras nos bordéis da região, cada vez mais. Nem fazia questão de esconder seu comportamento infiel. Virgínia, apesar de tudo, não se separava dele, tentava segurar aquele casamento, torcendo para que meu pai mudasse. Porém, a situação só piorava.

Em meio às dificuldades, Virgínia conheceu uma vizinha e, por influência dela, começou a frequentar a igreja. Meu pai não aprovava. Os desentendimentos entre os dois passaram a ficar muito frequentes. Mas, por mais que as brigas acontecessem, Virgínia sempre orientava seus filhos a respeitarem o pai. E assim eles fizeram.

Quando Virgínia descobriu que seu marido estava tendo um caso com minha mãe, decidiu se separar. Mais uma vez os segredos destruindo famílias.

Virgínia nunca mais se envolveu com outro homem. Ela corajosamente sustentou seus filhos sozinha, passava o dia lavando roupa para fora e fazia marmitas para vender. Logo, suas filhas mais velhas também começaram a trabalhar e ajudar nas despesas. Ela infelizmente contraiu uma doença grave e faleceu em 2007.

Durante todo esse período, ela nunca teve o apoio de meu pai, mas seus filhos não guardam rancor dele. Inclusive, certa vez, comentaram nunca tê-lo visto alcoolizado ou violento, mas tinha uma frieza nas decisões, simplesmente não parecia sofrer com o que fazia nem o que não fazia.

No fundo ele tinha vergonha também.

Meu pai nunca mais voltou a visitá-los.

Francisco Bonfim

Meu pai, apesar de tudo,
continua sendo meu herói,
mas não o perfeito e sim,
o que amo.
Sei que ele procurou
fazer o melhor.
Ele nunca
quis ser herói,
eu que o entitulei assim.
Agora ele está livre
da minha idolatria.

o alívio do perdão

Ao conhecer a história de meus pais, o perdão brotou em mim de forma bem profunda. Algo que só foi possível com diálogo franco, transparente e verdadeiro e que mexeu profundamente comigo. Logo eu, que nunca me permiti conhecer a história de vida dos meus pais antes de eu nascer. Sempre os havia julgado, sem nem mesmo ter me dado o trabalho de conhecê-los melhor, de entender as suas circunstâncias de vida, suas batalhas vencidas. A coragem deles em se abrir para mim foi essencial para me ajudar a enfrentar o medo, a insegurança e a vergonha que sentia. Sim, vergonha deles também, da história deles comigo.

Mas valeu a pena. Isso me deu a liberdade para poder seguir minha vida em paz, deixando o passado no passado. Descobri que o que existe de mais precioso não é o ouro, a prata ou as pedras preciosas, mas sim a nossa liberdade para viver com dignidade, com honra, sem temer a opinião alheia.

Apesar dos erros de meu pai, não o coloco mais no banco dos réus. Durante a conversa franca e livre de julgamento, percebi que não existem culpados ou inocentes. Afinal, somos todos produtos de escolhas que fazemos na vida, certas ou erradas. Não devemos culpar os outros pelos nossos próprios erros. Somente assim podemos liberar o perdão e nos responsabilizar pela nossa própria vida.

Conhecendo a história do meu pai fica claro que ele também foi vítima das circunstâncias e que fez o melhor que podia com os recursos de que dispunha, recursos financeiros, intelectuais e espirituais. Além de aceitar meu perdão, meu pai, em uma confissão feita para mim, disse que se perdoou. Isso é maravilhoso e essencial para seguirmos a vida em paz.

E minha mãe? Sua história confirmou que ela sempre foi uma mulher forte e guerreira, que fez o que podia em busca de uma vida melhor. Seu caminho foi doloroso e isso lhe deixou marcas, mas ela buscou seguir seus princípios e conseguiu ser a base de nossa família mesmo com todos os percalços vividos. Pela primeira vez, posso dizer verdadeiramente que a amo.

Tenho orgulho de ser filho de meus pais. Suas histórias de vida forjaram a minha.

E quanto a mim?

Conhecer as minhas origens, me fez entender o quanto devemos honrar pai e mãe, independentemente da vida que eles nos proporcionaram, e me fez entender quem sou.

Sou Francisco, filho de Maria de Fátima e de Francisco. Pais extraordinários. Fui uma pessoa que passou por muitos problemas e desencontros, até encontrar o caminho do perdão. Superei meus vícios por meio do autoperdão e da liberação do perdão a todos que passaram por minha vida e deixaram uma marca.

Sempre quis ser o filho com quem meus pais pudessem contar. Contudo, ainda não sabiam o que havia acontecido comigo. Eles me contaram tudo, choraram comigo e eu ainda não tinha conseguido revelar meus segredos. Fiquei ensaiando por mais de um mês como teria essa conversa com eles. Resolvi expor minhas feridas para que, pudesse, de uma vez por todas, cicatrizá-las.

Não tinha como fugir do meu passado, ele ia me perseguir como me perseguiu nas estradas escuras, nos dias felizes, e sempre me relembrar do que estava mal resolvido em mim. Precisava ter passado pelo que passei, vivido o que vivi, para hoje estar aqui. Precisava ter encarado os meus pais, o mundo e não depender mais da opinião alheia para saber quem eu sou. Precisava não me importar com a opinião dos outros, somente prestar contas e me preocupar com o que Ele pensa de mim. O tempo que perdi nesta vida só aumenta minha sede de viver. Não quero mais me lamentar.

Sentia-me como um vaso quebrado, juntando todos os cacos para me reconstruir. Sempre ficarão marcas. Esse vaso nunca mais será o mesmo. Entendo que as marcas só poderão ser reparadas por Deus. Mas, para que isso ocorra, é necessário liberar o perdão de forma sincera, com o coração.

Além disso, eu precisava perdoar o abusador. Somente o perdão iria me libertar das amarras do passado. Também era necessário eu deixar de me sentir a vítima. Se você já passou por isso, sabe do que estou falando. Temos que agir desta forma para nos salvar e salvar outras vidas. E isso me motivou.

Desejo, com a minha história, libertar almas presas em algum evento fatídico do passado, como a minha ficou durante anos. Almas caladas pelo machismo. Crianças perdidas pela vergonha.

Durante esse processo, descobri meu propósito de vida.

O que ocorreu comigo não foi um fato isolado. Existem muitas pessoas que passaram pelo que passei, ou até por abusos mais graves. Os noticiários e as estatísticas nos mostram que isso ocorre ainda nos dias hoje com muitas crianças e adolescentes vulneráveis. Não tive coragem de contar para meus pais, nem buscar ajuda especializada na época e, por isso, acabei por ter uma vida descontrolada.

Transformei-me em uma pessoa, arredia, insegura, com medo de qualquer tipo de relacionamento e que apenas encontrava refúgio nos vícios e bordéis. Tive medo e vergonha do que ocorreu comigo. "O que as pessoas iriam pensar de mim se soubessem do abuso que sofri?"

O estrago na minha vida não foi o abuso, mas sim como reagi a ele. Guardá-lo dentro de mim por vários anos envenenou minha alma, deixando portas abertas para a entrada dos vícios.

Somente após conhecer Deus e perdoar meus pais, consegui superar o evento do abuso, me libertar de meus vícios e seguir a minha vida com dignidade.

Apesar das trevas que me atormentaram, um feixe de esperança surge ao término da caminhada, quando a vergonha oculta é exposta e o processo de cura culmina com a revelação da verdade. Encontrei forças e retomei o diálogo com meus pais, mas agora não mais para escutar, e sim para me expressar. Revelar tudo.

Sentia-me como
um vaso quebrado,
juntando todos os
cacos para me reconstruir.
Sempre ficarão marcas.
Esse vaso nunca mais será
o mesmo.
Entendo que as marcas
só poderão ser reparadas
por Deus.

olhos lavados de lágrimas

Para obter a cura definitiva, eu percebia que faltava algo. Mesmo depois de tanto tempo do ocorrido, sentia que, para me libertar daquele trauma, precisava contar tudo a minha mãe. E tinha que ser o quanto antes.

Porém eu estava em uma sequência de fretes e não conseguia tempo para encontrá-la pessoalmente. Então agendei uma chamada de vídeo com ela. E assim aconteceu pela primeira vez uma conversa sincera e verdadeira entre nós.

Eu disse:

— Mãe, chegou a hora de você conhecer o seu filho!

Sua expressão foi um misto de apreensão e curiosidade. Ela não estava entendendo coisa alguma. Ainda não compreendia o rumo daquela conversa. Então esclareci a decisão de escrever um livro contando minha história. Num primeiro momento, ela se mostrou orgulhosa e alegre por mim.

Contei todos os detalhes de como o abuso tinha acontecido. Conforme avançava a conversa, seus olhos se enchiam de lágrimas. Ficamos por um breve período em silêncio. Um silêncio ensurdecedor. Parecia que ela estava tentando entender, digerir o que eu havia revelado.

— Então foi esse o motivo da sua convulsão, filho?

— Acho que sim, mãe. — respondi com um ar de dúvida.

— Filho, e durante o ano em que fizemos as sessões do tratamento, você não relatou esse episódio? — perguntou curiosa.

— Não, mãe.

Ela associou minhas conversas recentes, em busca de informações do passado, com o meu objetivo de escrever o livro. "Agora tudo parece fazer sentido", deveria estar pensando ao longo da nossa conversa.

Continuei revelando todos os meus vícios e minhas constantes noitadas. Repassei cada detalhe. As relações com garotas de programa, ora com apenas uma, ora com quantas delas estivessem disponíveis, as relações com travestis. Ela ficou chocada. A cada revelação, a cada aflição que compartilhava com ela, eu sentia um alívio profundo, como se um peso fosse retirado de minhas costas.

Era nítido que ela estava espantada com tudo o que eu revelava. Mas não fez nenhum tipo de julgamento. Seu olhar era de espanto, mas também de acolhimento. Depois de contar toda a história, inclusive do evento em que quase morri de tanta cocaína consumida, ela, com os olhos lavados de lágrimas, me disse:

— Filho, me perdoa!

Esse pedido de perdão dela me quebrou ao meio. Não esperava por isso, pois nunca uma pessoa havia me pedido perdão até aquele momento. Comecei a chorar na hora. Assim como ela precisava do meu perdão, eu precisava do dela. Mas ouvir isso pela primeira vez, e da sua própria mãe, é algo constrangedor.

— Eu que devo pedir perdão à senhora. No fundo, fui egoísta e me distanciei de todos vocês. E tudo o que ocorreu comigo foi consequência das minhas próprias escolhas. Ninguém tem culpa! Muito menos a senhora! O que eu quero agora é me tornar seu filho, um filho presente com quem a senhora pode contar.

Já tive coragem para fazer muitas coisas erradas. Confessar tudo isso para minha mãe foi um dos atos mais difíceis em minha vida. Mas contar para ela aqueceu meu coração.

Então nossas lágrimas foram trocadas por sorrisos.

Porém meu sorriso ainda estava incompleto, eu precisava encarar algo que evitava há muito tempo, contar para meu pai. Mas só de pensar, já ficava indignado e revoltado em ter que fazê-lo. Que vergonha eu sentia dele!

Então nossas lágrimas foram trocadas por sorrisos.

indignação

Confesso que fiquei na dúvida se precisava realmente contar para meu pai. Passei dias refletindo se ele precisaria ou não saber. Afinal, fazia tanto tempo! Depois de muito pensar, cheguei à conclusão de que, na verdade, eu é que precisava contar e me libertar dessa vergonha. Não seria fácil para mim. O que ele iria pensar?

Meu pai mora muito longe de nós, no Piauí. Infelizmente, apesar de querer muito conversar pessoalmente, só seria possível por telefone.

Finalmente, tomei coragem.

Estava a serviço, viajando pelas estradas, quando, em uma parada de estrada na cidade de Centralina/MG, num ímpeto decidi estacionar o caminhão e ligar para o meu pai. No início, deixei bem claro que o objetivo não era culpá-lo, de forma alguma. Não era para me vingar, mas para me libertar. E o que quer que ele dissesse naquele momento não me faria mais mal, eu estava livre.

Já estava com aquilo bem resolvido dentro de mim, mas preocupado em expor o meu segredo ao meu pai, que estava com 82 anos e já tinha carregado peso demais ao longo de sua vida. Minha intenção não era sobrecarregá-lo.

Não pude olhar diretamente nos seus olhos, o telefone celular dele não fazia chamada de vídeo. Quase desisti por conta disso, mas ao mesmo tempo facilitou um pouco, sinceramente. Embora achasse importante esse olho no olho, era o que tínhamos naquele momento como opção viável. Precisava falar, colocar para fora, não arranjar mais desculpas para adiar a conversa.

Parei de ficar pensando em mil coisas e contei-lhe.

Falei sobre o abuso na fazenda. Mais ainda: revelei ter sido um conhecido dele o tal abusador. Ele ouvia tudo em silêncio. Um silêncio tão grande que chegava a incomodar, me fazia desejar estar no meio de uma multidão, para que nem eu mesmo pudesse ouvir as minhas palavras.

Contei-lhe sobre os meus vícios, provavelmente desencadeados pelo trauma do abuso, ainda não resolvido. Fiz questão de falar sobre os travestis e as diversas garotas de programa com as quais havia tido relações ao longo dos últimos anos. Muitas vezes, inclusive, sem ao menos me recordar se tinha me protegido o bastante. Foram várias manhãs, acordando preocupado se havia contraído alguma doença sexualmente transmissível.

O silêncio do outro lado da linha continuava. Ouvia apenas sua respiração, que parecia ficar cada vez mais ofegante. Continuei, dizendo que, esse assunto está bem resolvido, que ficou no passado e que não me perturbava mais. Mas eu precisava pedir o seu perdão por minhas falhas e por desonrá-lo nesses anos todos com meu mau comportamento.

Ele, ainda ofegante, começou a falar com a voz trêmula:

— Filho, se pudesse voltar atrás, faria tudo diferente. Sou eu quem deve te pedir perdão!

— Não, pai, o senhor não precisa se desculpar, mesmo porque seus "erros" deram origem a dez vidas. E quem sou eu para dizer o que era "errado" ou não.

Não poderia mais ficar remoendo essa "pendência" que tinha com ele. Eu precisei agradecer-lhe pela vida dos meus irmãos, que no início eram motivo de ciúmes para mim. Suspirei profundamente, sentindo um alívio imenso. Apenas agradeci a ele por tudo o que tinha feito por mim.

Quase ao fim da conversa, meu pai falou:

— Francisco, sei o quanto foi difícil para você ter colocado esse assunto para fora. Você não precisava ter contado tudo isso para mim.

Naquele momento percebi que ele, de certa forma, quis tentar me aliviar, me absolver da obrigação de ter revelado meus traumas, meus vícios, enfim, minhas fragilidades para ele.

— Não é pelo senhor, meu pai, mas por mim. Precisava contar e aliviar meu coração. E, principalmente, pedir perdão. Realmente foi difícil contar tudo, mas foi necessário. Sinto agora que essa "página" virou em minha vida. E te agradeço muito por ouvir e me perdoar! Estou pronto para recomeçar minha vida!

Ele, me ouvindo pedir perdão, ficou num silêncio ainda mais profundo. Não sei se chorou, mas pouco ouvi sua voz até o final da ligação.

— Pai, eu estou me esvaziando de todo esse lixo que carreguei durante muito tempo. E a conversa que estou tendo com você também tive com a minha mãe. Vocês dois são meus pais e não seria justo comigo, nem com vocês, ocultar tudo isso!

Ele respondia com silêncio e respiração ofegante. Continuei.

— Pai, a vida que levei até agora, eu não quero mais. Quero uma vida diferente, mesmo porque até aqui eu tenho sobrevivido, agora de fato eu quero viver. E tudo isso eu queria que você soubesse por mim e não pelos outros, pois será exposto num livro.

E ele:

— Tudo bem, filho. Deus te abençoe.

A nossa despedida foi carinhosa, acredito que nossa conexão ficou ainda mais forte. Assim que coloquei o telefone no gancho, imediatamente fiquei em lágrimas! Estava num posto de gasolina que era rodeado de árvores – eucaliptos; desci do caminhão e saí em direção a elas.

E, quando estava no meio delas, lágrimas e gritos saíram de mim. Aqueles sentimentos de raiva e indignação davam lugar à sensação de alívio e ternura. Eram esses os sentimentos que passaram a tomar

Francisco Bonfim

conta de mim. Ajoelhei e abaixei a cabeça. Vivi um turbilhão de sentimentos e sensações. Dei uma sequência de gritos altos, intensos e demorados.

— Acabou! Acabou, Francisco! — gritava em alto e bom som.

Senti como se toda a sujeira impregnada no meu corpo, fruto do abuso não consentido naquela noite, tivesse sido finalmente expulsa de dentro mim,i como se tivesse lavado a minha alma.

Retornei ao caminhão para continuar viagem.

**Ele me perdoou,
eu o perdoei
e assim me tornei livre
e o liberei definitivamente
do meu julgamento.**

verdades reveladas

A história de vida dos meus pais despertou em mim uma saudade profunda, um anseio pelo que nunca vivi. Uma mistura de alívio por perdoá-los definitivamente e culpa por tê-los culpado. Uma emoção desconhecida que jamais tinha experimentado. Uma sensação de: vamos chorar juntos, sofrermos juntos e, agora, sabemos tudo sobre nós mesmos.

Ao revelar minhas fragilidades a eles, abriu-se espaço em mim para uma nova história. Eu não imaginava que seria tão intenso.

Consegui uma nova chance.

Um recomeço.

Agora me olho no espelho e vejo um brilho nos meus próprios olhos.

Vejo um Francisco em liberdade, cheio de vida. Pronto para recomeçar a vida, construir uma família.

Um Francisco com identidade própria, que não se permitirá ser levado pelas circunstâncias da vida novamente.

Um Francisco forte emocionalmente e que, pela primeira vez, assumiu o controle da sua própria vida.

Alguns problemas simplesmente acontecem. Fato. Devemos ter a consciência de que uma boa parte deles não está sob nosso controle. E procurar culpados é perda de tempo e de energia.

Inicialmente, pensava que precisava ficar rico para ser feliz. Grande engano. Em minha jornada, descobri que precisava ser livre das amarras do passado, da vergonha e dos vícios, e viver uma vida fundada no perdão.

Francisco **Bonfim**

Algo que faltava eu perdoar é que eu havia perdido muito tempo na caminhada. Mas penso que cada um tem o seu próprio tempo, o seu próprio ritmo.

Muitas vezes, vivemos em busca de um propósito. De repente, o propósito nos encontra. E traz cura, milagre, vida, esperança, frutos, abundância e restauração.

Aprendi que tenho que fechar meus ouvidos para meus pensamentos negativos, para pessoas negativas, para a opinião dos outros. Respirar fundo, levantar a cabeça e seguir em frente.

Estou construindo minha felicidade me livrando de todo o "mofo" dentro de mim. Em cada exposição que faço, derrubo uma parede velha e construo uma nova. Não adianta só pintar por fora. O mofo, mais cedo ou mais tarde, vai aparecer.

Não perdoar é uma forma de dizer para o mundo o quanto você está longe de Deus. Deixe que Ele acerte a conta com os Seus filhos.

Siga em paz na sua viagem pela vida. E se liberte deste peso que é guardar o perdão só para você.

Graças a Deus, consegui. Apesar de parecer que agora tenho todos os meus problemas resolvidos, não é verdade. Não pense que serão só flores. Eu aprendi a desviar dos espinhos. E, se me machucarem, vou rapidamente perdoar. Pois somos todos falhos.

Preciso dizer aqui, que não será uma única vez que você precisará perdoar, especialmente as pessoas mais próximas. Serão várias vezes, pois as pessoas voltam a errar assim como você, e é preciso continuar perdoando, lavando o coração. É como bombear oxigênio, não pode parar. O perdão tem que ser um fluxo ininterrupto pois ele dá vida a quem perdoa e alívio a quem é perdoado.

O perdão me trouxe uma paz, que não saberia descrever. A paz não de não ter mais vergonha de quem eu sou, do que passei, pois tudo que aconteceu me deixou mais forte. Eis-me aqui, livre, sem "vergonha", sem medo da sua opinião, sem medo do que vai pensar de mim.

O Francisco da Parte 1 era uma vítima, sim, mas também um vitimista. Para alguém que costumava adotar uma postura vitimista, perdoar meus pais pelos erros que cometeram era uma batalha constante, quase impossível, pois perderia desculpas para o vitimismo. Eu sempre os culpava por tudo que dava errado na minha vida, por todas as chances perdidas.

O Francisco da Parte 2 era um completo alienado. Houve uma fase em que me afastei completamente das emoções e dos problemas familiares. Eu estava alienado e acreditava que perdoar os erros dos meus pais era irrelevante.

Já o Francisco da Parte 3 iniciou sua jornada de protagonismo da própria vida. Percebi a importância de refletir sobre o passado e perdoar. Entendi que meus pais são humanos e, como tais, cometeram erros. O perdão não foi uma forma de esquecer ou aprovar o que eles fizeram, e sim de me libertar do ressentimento que estava me impedindo de evoluir. Eu comecei a me arriscar e a crescer, mas ainda faltava mais.

Já o Francisco da Parte 4, hoje, é uma pessoa com identidade plena, sabe de quem é Filho. Agora, tenho uma compreensão sólida de mim mesmo e do meu lugar no mundo, consigo olhar para os erros dos meus pais com empatia. Consigo ver e identificar os meus erros com empatia por mim também. Eu perdoei meus pais, não porque esqueci o que aconteceu, mas porque entendi que eles agiram conforme suas próprias experiências e limitações. E me perdoo pelo mesmo motivo.

O perdão, nesta fase da minha vida, não é apenas sobre deixar ressentimentos para trás, mas sobre integrar essas experiências ao meu ser. Vejo o ato de perdoar como uma expressão da minha maturidade emocional e da minha compreensão sobre a complexidade da vida humana.

Perdoar é ser livre.

Agora eu pergunto: quem é você em relação ao perdão?

Francisco Bonfim

Refletindo sobre a capacidade de perdoar os erros dos pais, você está em qual estágio: 1- Vitimista, 2- Alienado, 3- Protagonista, 4- Pessoa com identidade plena?

Provoco você a saber o seu estágio e a fazer a jornada do perdão, livrando-se, de seus pesos pois, como eu falei antes, este livro não é só sobre mim, é sobre a vida real.

Até a próxima parada!

Te espero sem carga! Pois o perdão é a carga mais pesada que precisa ser entregue!

*Você não consegue viver
o que não consegue sonhar.*

Francisco Bonfim

**O perdão precisa
ser entregue
de forma verdadeira,
de dentro para fora.
Só quem tem identidade plena
consegue perdoar
como estilo de vida.**

reflexões da parte 4

ESTAS PERGUNTAS SÃO UM CONVITE À REFLEXÃO, VEJA AS QUE MAIS SE APLICAM À SUA REALIDADE.

As dificuldades da infância influenciaram negativamente seu comportamento? Como você pode promover mudanças de dentro para fora? _____
_____
_____

Já refletiu sobre o impacto da sua relação com sua mãe, na sua vida? _____
–

Já refletiu sobre o impacto da sua relação com seu pai, na sua vida? _____
_____
–

Como descreveria a relação com sua mãe? Como as características da sua mãe afetam você? _____
_____
–

Como descreveria a relação com seu pai? Como as características da sua pai afetam você? _____
_____
_____

Francisco Bonfim

Como o comportamento do seu pai em relação a sua mãe influenciou a maneira como você vê o conceito de relacionamento? Isso afetou você? _____

Vê seu pai como herói? Como interpreta essa visão? _____

Quais foram os principais desafios ao tentar perdoar seus pais? Se ainda não os perdoou, você crê que isso o prejudica em quê? _____

Caso tenha sentido vergonha dos seus pais, como isso afetou sua relação com eles? _____

Quais mudanças ocorreram em você após perdoar seus pais(se os já perdoou)? O que falta para perdoar se não perdoou? E quanto a seus irmãos? _____

Como sua percepção de culpa e responsabilidade mudou ao longo do tempo? _____

Já considerou que o auto-perdão poderia ter sido uma ferramenta essencial para superar seus vícios e desafios? De que maneira? _____

Caso tenha compartilhado segredos com seus pais, de que forma isso impactou o seu relacionamento com eles? _____
_____
_____

De que maneira sua experiência pode servir de inspiração e auxílio para pessoas enfrentando situações semelhantes? __
_____
_____

Você costuma compartilhar seus traumas e experiências negativas como uma forma de promover a sua cura? _____
_____
_____

Qual é a importância de compartilhar seus traumas passados com os entes queridos, mesmo que isso possa causar desconforto? _____
_____
_____

Como você acha que a preocupação com a reação alheia pode influenciar a sua disposição em compartilhar experiências traumáticas? _____
_____
_____

Você já pensou sobre como a exposição de um trauma pode modificar a relação entre pais e filhos? _____
_____
_____

O que você considera fundamental para encontrar a coragem de encarar um passado marcado por experiências dolorosas? _____
_____

Francisco **Bonfim**

Como você se enxerga atualmente: um mero espectador da sua própria vida, alheio aos acontecimentos, um agente ativo e protagonista da sua história, ou alguém que conquistou uma identidade plena e autêntica? _____
_____
_____

Você já se perguntou o que te detém de perdoar definitivamente? Afinal, você está ciente de que o perdão pode ser a chave para prosperar em diferentes aspectos da sua vida, certo? _____
_____
_____

Já se deu conta de que o perdão pode ser o mais precioso presente que alguém pode oferecer? _____
_____
_____

Consegue perceber que, ao perdoar o passado, você abre espaço para novas oportunidades e renova seus sonhos? Dê a si mesmo essa chance de experimentar. _____
_____
_____

Liste todos os nomes de pessoas que precisa perdoar e comece um a um, coloque data.

_____
_____
_____
_____
_____
_____
_____

FRANCISCO BONFIM

Filho de Francisco e Maria de Fátima, seguiu os passos de seu pai na escolha da profissão com a qual sonhou desde pequenino, ser caminhoneiro. Em meio às estradas, fez da leitura seu estilo de vida e se revestiu de coragem para virar escritor.

Sua história como autor teve início com uma jornada de cura pessoal, na qual se expôs mais do que imaginava. Porém ele não retrocedeu, determinado pelo desejo de ajudar os que passaram por experiências semelhantes.

Apesar das fortes situações relatadas, a humildade, a espontaneidade e a autêntica busca de Francisco pela supera-ção prendem o leitor na "boleia do caminhão".

Instagram, YouTube e Facebook: @franciscobonfimoficial

Email: franciscobonfimoficial@gmail.com

Esta edição foi impressa em formato fechado 6x9 pol. texto foi composto em Minion Pro 13/17, os títulos das partes em Rama Gothic Rounded 42/67 e os títulos dos capítulos em Minion Pro 22/17.

Julho de 2023

Made in the USA
Columbia, SC
29 November 2023

27389259R00107